商法实务

马 浩◎著

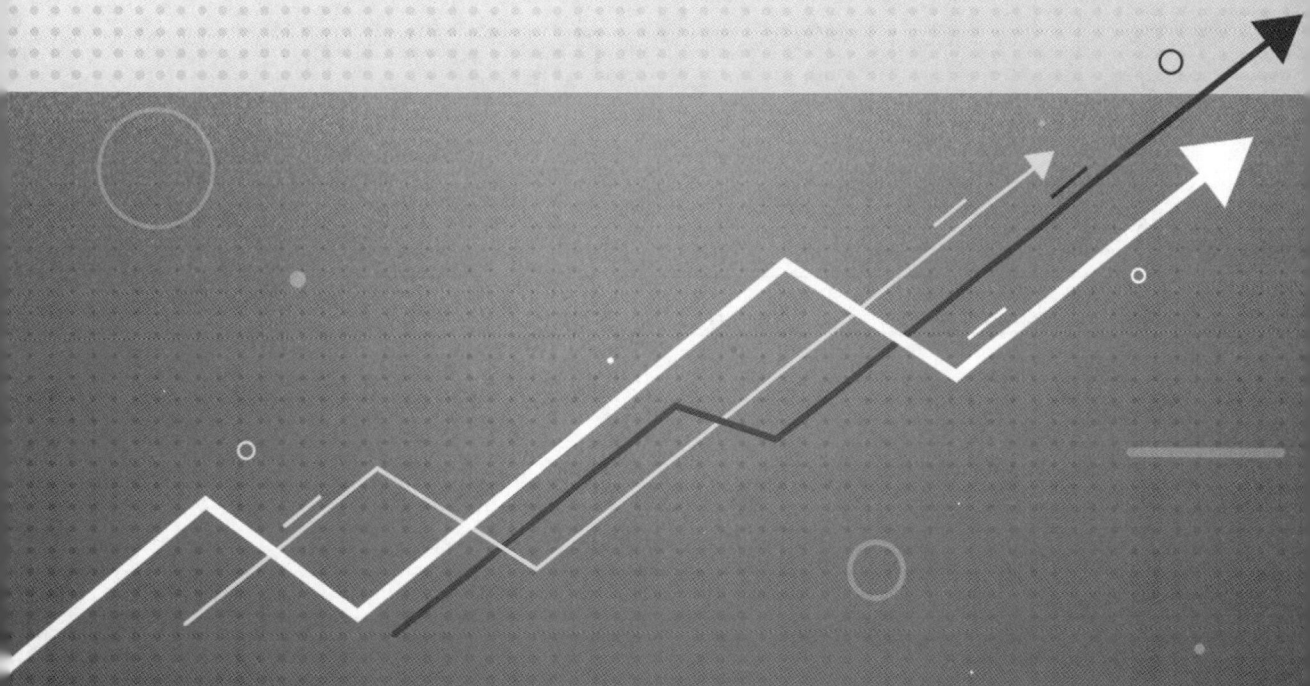

中国原子能出版社
China Atomic Energy Press

图书在版编目（CIP）数据

商法实务 / 马浩著 . -- 北京：中国原子能出版社，
2022.12

ISBN 978-7-5221-2566-4

Ⅰ . ①商… Ⅱ . ①马… Ⅲ . ①商法－中国 Ⅳ .
① D923.99

中国版本图书馆 CIP 数据核字 (2022) 第 241633 号

商法实务

出版发行　中国原子能出版社（北京市海淀区阜成路 43 号 100048）

责任编辑　马世玉

责任印制　赵　明

印　　刷　北京天恒嘉业印刷有限公司

经　　销　全国新华书店

开　　本　787mm×1092mm　1/16

印　　张　12

字　　数　240 千字

版　　次　2022 年 12 月第 1 版　　2022 年 12 月第 1 次印刷

书　　号　ISBN 978-7-5221-2566-4　　**定　　价**　76.00 元

前　言

　　商法是一个具有悠久历史、重要的法律部门，是调整商事交易和商事组织内部关系及外部交易关系的法律规范的总和。在现代社会中，商法是规范和调整市场经济的重要工具。自改革开放以来，我国已陆续颁布了不少有关的法律、法规。随着社会主义市场经济的发展，商事法律制度必将获得进一步的完善和发展。由于商事立法本身比较复杂且变化快，而商法的学理研究也有待深入，学生往往感觉商法的学习难度较大。

　　本书着眼于经济管理类商法教学的实际需求，首先介绍商法的基本概述以及商法的发展，并有选择地以个人独资企业法律、合伙企业法律、合同法律、公司法、工业产权、票据法律作为阐述对象，注重把握立法动态，紧密结合我国新出台或新修订的相关立法对重要商事法律制度加以评析。

　　本书可作为普通高校经管类专业的本科生以及 MBA 学员商法课程的教材使用，也可作为企事业单位的培训教材以及商界人士的实务参考用书。

　　本书在编写过程中，参阅了大量的书籍和文献资料，引用了有关资料等，在此对有关作者致以诚挚的谢意！在本书的编写过程中，由于知识、经验和能力水平有限，书中不妥之处在所难免，敬请广大读者批评指正。

目录

第一章　商法的基本概述

第一节　商法概论

一、"商"的含义

什么是"商"？这是我们学习商法首先必须搞清楚的问题。当代各国商法并没有对什么是"商"进行解释，依通常的理解，"商"即买卖或者交易行为。但是，对"商"的含义，可以从社会学、经济学和法学的不同角度进行理解。

（一）社会学上对"商"的理解

在我国古代，"商"被理解为是商品交换的活动，即买卖活动。例如《汉书》称："通财鬻货曰商"。《白虎通》称："商其远近，度其有无，通四方之物，故谓之商"。这些都是我国古代基于当时的社会条件对"商"的最早理解。

上古是商业发展的初期，主要实行以物易物的交换手段，因而当时所谓的"商"仅仅是指媒介货物直接交换的行为。这种将"商"视为买卖的理解反映了当时社会对"商"的朴素认识。

在现代社会学意义上，"商"一般是指介于农业、工业之间以及工农业等生产者与消费者之间，与农业、工业等相对应的一种社会分工。它是社会职业的一种分类，也是社会经济的一个部门。

（二）经济学上对"商"的理解

随着商业的发展，产生了以货币为媒介的财产货物交易。特别是到了近现代，交通逐渐发达，商品的种类和数量大幅度增加，商业活动日益繁荣，人们对"商"又有了新的认识，即将"商"视为"以营利为目的的各种商品交换行为"。或者，商"是指以营利为目的，直接从事媒介财货交易的行为。换言之，商就是介于农业、工业等生产者与消费者之间，直接进行媒介财货交易，调剂供需，而从中获取利润的行为"。

1

这是经济学上对"商"的理解。

在现代经济学意义上，"商"被理解为沟通生产与消费的中间环节，它是产品进入流通市场的行为，是产品从生产者手中流转到消费者手中的渠道，是生产方式的一种。经济学上所说的"商"，仅仅是狭义"商"的解释。

（三）法学上对"商"的理解

在现代社会，商品经济进一步发展，以营利为目的的经济活动的范围不断扩大，除直接媒介财货交易的"买卖"外，营利性的行为还表现在金融业、运输业、服务业、信息技术贸易业、印刷业、出版业等领域。而经济学对"商"的概括并不能完全涵盖这些领域。

在现代法学上所说的"商"，不仅包括流通领域，还包括生产领域，因此，可以认为这是对"商"的广义解释。但是，它并不是指所有的生产和流通行为，而是只有生产和流通与经营联系在一起，即生产和流通是为了一定的营利为目的时，这种行为才可以被视为法律意义上的"商"。从这一角度理解，法律意义上的"商"是一种特指的经营活动，而不是一般的贸易活动。

从法律上理解"商"，重点不在于"商"的方式（即是否处于流通和生产环节），而在于理解"商"的目的（即是否属于营利性活动），以及"商"的主体资格（即从事这种营利性活动的行为人具有法律上所赋予的能力）。概括地说，商法上的"商"是指营利性营业活动和事业的总称。

按照商法学者的归纳，在现代商法中"商"的范围大致可以分为以下几类。

第一，直接媒介财货交易以及传统上被纳入基本商事活动的"固有商"，如交易所交易、买卖商交易、证券交易、票据交易、海商海事活动等。学说中又将其称为"第一种商"。

第二，间接以媒介货物交易为目的的营业活动，它实际上是某种辅助"固有商"营业得以实现的"辅助商"，如货物运送、仓储、代理、行纪、居间、包装等。学说中又将其称为"第二种商"。

第三，虽不具有直接或间接媒介货物交易的行为目的，但其行为性质与"固有商"和"辅助商"有密切联系，或者为其提供商业条件的营业活动，如银行、融资、信托、承揽、制造、加工、出版、印刷、摄影营业等。学者又将其称为"第三种商"。

第四，仅与"辅助商"或"第三种商"有牵连关系的营业，如广告宣传、人身与财产保险、旅馆营业、饭店酒楼、戏院舞厅、旅游服务、娱乐营业、信息咨询等，此种商事营业与"固有商"的联系已极为间接，学者多将其称为"第四种商"。

总之，"商"是对社会生活中生产经营活动性质的概括，这一法律抽象的作用在于将整个社会具有重要意义的生产经营活动独立出来，使商法得以对由其形成的社会关系进行专门的法律调整。可以说，商法中关于商事主体、商事行为、商事能力、商事登记、商事责任等一系列概念、规则和制度均建立在对于"商"的理解上。

二、商法的概念

商法又称为商事法，是调整商事关系的法律规范的总称。

在传统的商法理论中，商法有形式意义上的商法和实质意义上的商法两种分类。

（一）形式意义上的商法

所谓形式意义上的商法，是指在民商分立的国家所制定的，并以"商法典"命名的法律。形式意义上的商法通常包括商法一般规则、商事公司、破产、票据、保险、海商等基本制度。据不完全统计，世界上大约有 40 多个国家有形式意义上的商法，主要有法国、德国、比利时、葡萄牙、西班牙、日本、韩国、美国、巴西以及阿根廷等国家。

（二）实质意义上的商法

实质意义上的商法是指以商事为规范对象的各种法律规范。这些法律规范有的规定在宪法中，有的规定在民法、经济法、行政法中，有的规定在单独的法律中，甚至有的在判例、规则中也有所反映。

至于根据商法典或者宪法的规定所制定的各种商事单行法，如公司法、票据法、保险法、海商法等，虽未冠以"商法"之名，但都被视为商法的特别法。就其实质而言，都是以商事为调整对象，规范其特有生活关系的法律法规。

因此，在市场经济条件下，一个国家可能没有商法典，但一个国家不可能没有关于商事的法律法规。或者说，一个国家可能没有形式意义上的商法，但不可能没有实质意义上的商法。

我国目前的商法类型属于实质意义上的商法。近几年，为适应改革开放的需要，我国颁布了大量涉及商事主体和商事行为的法律法规，如《中华人民共和国公司法》（简称《公司法》）、《中华人民共和国票据法》（简称《票据法》）、《中华人民共和国海商法》《中华人民共和国保险法》《中华人民共和国民法典》（简称《民法典》）、《中华人民共和国商业银行法》《中华人民共和国反不正当竞争法》以及其他有关集体、个体、独资和涉外方面的法律法规，这些法律法规基本上构建了我国实质意义上的商法体系。

在大陆法系国家中，商法还可以进一步分为商事普通法、商事特别法和商事习惯法。

（1）商事普通法是指调整商事基本关系的一般规则的总称，其内容包括有关商法的原则、商事主体、商事行为、商事登记、商业名称、商业账簿、对商事行为的一般控制制度等。商事普通法在民商分立的国家中表现为统一的商法典，而在民商合一的国家中则多表现为民法中的特别规则或者单行法。但无论采取何种形式，它们均对各种类型的商事关系具有普遍的适用力。

（2）商事特别法又称为商事部门法，是指调整某一特定范围的商事关系的商法规范的总称。例如，大陆法系各国普遍存在的公司法、保险法、破产法、票据法、海商法、仲裁法等均属于商事特别法。商事特别法是对特定商事关系的专门调整，一定的商事特别法仅适用于特定范围的商事关系，对其他类型的商事关系不具有普遍适用力，这不同于商事普通法。

（3）商事习惯法是指在商事实践中形成的经国家确认、调整商事关系的习惯规则，通常具有非成文性和行业规则性的特点。按照各国司法实践，商事习惯法对于成文法具有补充适用意义。

三、商法的特征

商法的特征是商法区别于其他法律部门的主要标志，是商法本质的外在表现形式。商法主要具有以下几个特征。

（一）营利性

商事主体从事商事活动，其直接和主要目的就在于营利。或者说，营利是商人从事经营活动的终极目的，是商事活动的根本价值追求。商法的营利性并不表现为教会人们如何去营利，而是以法律制度来规范商事主体从事的以营利为动机的商事行为。从这个意义上说，商法的整个制度设计是为了满足商事主体的营利性要求。

一方面，商法为商事主体的设立以及其内在组织运作提供法律规范，确认商事主体从事营利活动的主体资格。例如，公司法、合伙企业法以及独资企业法中有关企业组织的规定，为营利性组织的设立提供了法律依据。另一方面，商法为各种商事行为提供法律依据，确认以营利为目的的商事行为的合法性，并保障其目的的实现。例如，公司法关于公司债、股份的发行与交易的规定，票据法关于票据行为的规定，保险法关于保险合同的规定，等等，均为商事行为提供了规范依据。

（二）特定性

商法作为一个特殊的法律部门，它所调整的对象是特定的商事法律关系。它仅适用于履行了商事登记而具有商事主体资格的人和商事行为。多数国家的法律规定，非商人及商事行为，不得使用商法。

（三）技术性

近代学者从社会学的角度，把法律条款分为伦理性条款和技术性条款。民法、刑法等法律，其条款绝大多数属于伦理性条款。例如，刑法中的不得杀人、民法中的买卖双方应当诚实守信等。

而商法则从实用的角度出发，强调技术规则。从产生之初，商法就具有专门性及职业性，发展至今，虽几经变化，但其始终是对市场经济进行调整的直接法律规范，为市场经济主体的营利活动提供了具体的规则。因此，市场经济的一些基本要求和基本内容都与商法有密切联系。

市场经济客观上要求法律尽可能使商事主体的设立程序化，使商事行为的规则简洁化，以利于经济活动的快捷发展，即要求商法规范具有可操作性和实用性。这就使得商法规范不同于反映道德的伦理法，而包含有大量的技术规范。例如，公司法中公司的设立规则，股东会、董事会的组成以及会议程序，股份发行、上市的规则；票据法中关于票据的文义性、要式性、无因性的规定等，都具有强烈的技术性规范的特点。再如，保险法中有关保险费用、保险金额、保险标的等规范均涉及数学、统计学原理。

（四）国际性

商法本属于国内法，它所调整的对象主要是国内商事关系。但是，商事交易没有国界，货物的买卖、技术的转让、资本的融通、海上运输及其保险、货款结算等直接反映了商事交易的国际性，因此商法在形成和制定过程中不可能不考虑到跨国交易的需要和其他国家的商事立法及惯例。而且，一国行之有效的商事制度往往很快就可以被其他国家吸收。商法的国际性是由商事交易的国际性所决定的。

20 世纪以来，一些国际会议制定了许多国际性的统一商法规范，如日内瓦统一票据法公约。特别是 60 年代以来，这些国际会议又在国际货物买卖、国际支付、国际航运、国际商事仲裁等方面制定了许多国际性公约。例如，1980 年制定的《联合国国际货物销售合同公约》。同时，各国为使本国商法与国际公约相一致，或者对本国法进行了修改，或者在立新法时尽可能与之相协调。

（五）协调性

商法规范分为两个部分，包括规范商事主体的法律规范和规范商事行为的法律规范。

商事主体的法律规范主要规定了商事主体进入市场的资格以及其组织机构的设立等内容，如公司的成立条件中有关于公司的资本、场所、人数的规定等。

商事行为的法律规范是以特定商事主体之间的商事行为为调整对象的规范，一般不会涉及第三人利益，如买卖、运输、保险等。对于这些行为，国家应当坚持意思自治的原则，采取自由主义的立法模式，以任意性规定进行规范，如契约自由、方式自由等。这部分规定属于行为法范畴。

（六）易变性

商法是为了调整商事关系的需要而存在的。在经济活动中，商事主体的营利性动机决定了商事主体必然遵循"利润最大化"的原则，寻求各种能够减少成本，增加效益的组织结构和行为方式，这就使得商事关系会频繁发生变动。而以商事关系为调整对象的商法也就必然表现出易变性的特点。

进入20世纪以来，商事活动日益现代化和复杂化，商法需要不断革新以适应其需要。为此，各国商法处于不断修改之中。例如，日本商法在1911—1975年，共修改了25次。德国和法国也对商法进行了多次修改。

（七）公法性

在大陆法系国家，法律被分为公法和私法。商法作为调整商事关系的法律，是民法的特别法，从根本上说，商法属于私法范畴，实行意思自治原则，最大限度地为人们从事社会经济活动的自由提供法律空间。但是，它又不同于普通私法，是一种特别的私法规范。

进入20世纪以来，为遏制极端个人主义给社会带来的危害，国家不仅加强了对经济活动的直接干预，而且也加强了对私权的干预，开始在商法领域实行公法干预政策，在商事法律中越来越多地体现政府经济职权色彩和干预意志。例如商事登记、商业账簿制度、企业和公司组织形态、船舶登记、破产法中债务清偿顺序的规定等，均体现了国家对经济活动的管理，具有公法性。当然，不能就此否认商法的私法性质。商法中的公法性条款始终处于为私法交易服务的地位，还不能从根本上改变商法的私法性质。

四、商法的调整对象

（一）商法的调整对象概念和特点

商法的调整对象是商事法律关系。商事法律关系是一种经营关系，即由经营主体所从事的经营性行为而形成的特殊的社会关系，是实施了经营行为的经营主体及其之间的对内和对外法律关系，也可以说是商事主体基于营利性活动所建立的社会经济关系及与其相关的其他社会关系的总和。

作为商法调整对象的商事法律关系具有如下特点。

（1）商法调整营利主体，不调整非营利主体。虽然商事法律关系多种多样，但是所有的商事法律关系都反映着商事主体的营利性动机，商事主体的经营行为均是围绕实现这一目的而进行的。商法只调整营利主体，不调整非营利主体。如民事主体、行政主体等，商法都不予调整。即使是对非营利主体偶尔从事的营利行为，商法也不做调整。

（2）商法只调整营利主体的营利行为，不调整营利主体的非营利行为。即不调整营利主体所从事的与商事活动无关的行为，如企业开展文体活动、企业对慈善事业的捐赠等。

（3）商法所调整的营利主体是各种企业组织。商法对各种企业组织具有多层次、多规模的广泛适用性。

（4）商法调整的是实施了经营行为的经营主体及其之间的对内、对外法律关系。商法所调整的营利主体在经营活动中所形成的关系，既包括企业的对外关系，也包括企业的对内关系；既包括国家对企业行为的监管所形成的关系，如工商登记，也包括企业与企业之间在交易过程中所形成的经济关系，还包括企业与权利人，如出资股东，以及企业与企业员工之间所形成的权利和财产关系。

（5）商法所调整的是在法律上处于平等地位的主体之间的关系。在社会经济生活中，存在着各种各样的社会经济关系主体，根据这些主体在法律上的不同地位，可以划分为两大类：私法上的主体和公法上的主体。商事主体属于私法上的主体，商事法律关系因此也就是发生在平等主体之间的社会关系。

（6）商法所调整的营利主体的活动必须发生在持续的营业之中，偶尔发生的营利行为不是商法调整的对象。广泛的商事营利活动可以随时发生，但相当多的商事营利活动是偶尔发生的，它们并不表现为持续性，因而不会产生商事法律关系。正因为如此，偶尔发生的营利行为不是商法调整的对象。而有些商事营利活动是反复进行的，成为商事主体的一种营业，这些必须由商法来进行调整。

（二）商事法律关系与民事法律关系的联系与区别

商法所调整的商事法律关系与民法所调整的民事法律关系有密切联系，商事法律关系不能完全脱离民事法律关系而存在，但是，两者在性质上存在着重要的区别。主要区别如下。

（1）民事法律关系是平等主体的公民之间、法人之间（包括公法人和私法人之间）、非法人的组织之间以及公民、法人、非法人的组织相互之间基于民事行为而形成的社会关系。这种民事行为既包括非经营活动，也包括经营活动。

商事法律关系仅仅是商事主体实现商事行为所形成的社会关系，主体是不含有自然人特征的抽象的经营单位，商事行为仅仅是经营活动，不包括非经营活动。

（2）民事法律关系不仅包括财产关系，而且包括人身关系，如婚姻关系、家庭关系。

商事法律关系主要涉及财产关系，不涉及与自然人相关的人身关系。

（3）民事法律关系中的财产关系主要反映的是商品交换关系，重点是财产的支配权。

商事交易中的财产关系不仅包括商品交换，而且包括商品的生产和经营关系；不仅包括财产的支配权，还包括财产的管理权、经营权。

（4）民事法律关系重点强调的是主体的平等权利，即私法上的权利。

商事法律关系不仅强调这种私法上的平等权，同时强调公法上的国家主体对商事主体的管理权，强调因国家管理所形成的各种关系，如商事登记管理、特种标的物经营许可的管理等。

总而言之，在我国的立法实践中，虽然在形式上没有制定统一的商法典，在立法上没有明确商法调整对象的独立性，但在实践中，商事部门法的制定和实施都是基于商事法律关系，基于商法独特的调整对象。例如，《公司法》《中华人民共和国合伙企业法》（简称《合伙企业法》）、《中华人民共和国个人独资企业法》（简称《个人独资企业法》）、《中华人民共和国外商投资法》《票据法》《中华人民共和国企业破产法》（简称《企业破产法》）、《中华人民共和国保险法》《中华人民共和国海商法》等，都是针对特定的商事主体所从事的商事行为而制定的。工商、税务、金融部门对商事经营活动的专门管理也是基于商事法律关系的特殊性和独立性而进行的。从这个意义上说，商法调整对象的独立性，已经在我国的立法和司法以及经济生活和经济管理中深入人心。

第二节　商法的基本原则

商法的基本原则，是指集中反映一国商事法律的性质和宗旨，对各类商事关系都具有普遍的指导意义，调整商事法律关系必须遵守的基本准则。

各国商法理论与实践对商法的基本原则都给予特别关注，将其作为构建商法统一规范体系的基础。无论是在民商分立国家的形式商法中，还是在民商合一国家的实质商法中，都存在着统辖商法具体规则的基本原则。概括起来，商法的基本原则有：商事主体法定原则；公平交易原则；交易简便、迅捷原则；鼓励交易原则；保障交易安全原则。

一、商事主体法定原则

现代各国一般都制定了大量的强行性法规对商事主体的资格予以严格控制，形成了商事主体法定原则。它主要包括商事主体类型法定、商事主体内容法定和商事主体公示法定三个方面。

（一）商事主体类型法定

商事主体类型法定，是指可以进行经营活动的商事主体在组织形式上由法律予以明确设定，非经法律设定者不享有商事主体资格；当事人不得创设法定类型之外的商事组织形式。例如，在多数西方国家，无限责任公司、两合公司、股份两合公司、合作社等都是商事主体。而在我国，这些经济组织至今还不是商事主体。我国长期以来作为商事主体存在的集体企业、个体工商户、农村承包经营户，在西方国家商事主体的概念中却从未有过。这种差异就是商事主体类型法定的结果。

（二）商事主体内容法定

商事主体内容法定，是指可以进行经营活动的商事主体的财产关系和组织关系由法律予以明确规定；当事人不得创设非规范性的财产关系和组织关系。

例如，有限责任公司、股份有限公司、合伙企业、个人独资企业、中外合作经营企业等这些不同的商事主体，其投资者与被创设企业之间的财产关系、企业自身的组织机构等，彼此之间都存在着重大差异。之所以存在这种差异，就在于法律对不同主体的上述关系设定了不同的规则，设定了不同的商业主体在内容上的不同构成要件。

商事主体内容法定导致两个必然结果：其一，合法存在的商事主体必须在内容上符合法律对其所做出的特定要求；其二，对商事主体内容的不同法律要求，构成了不同类型商事主体彼此之间的根本性差异，形成了不同类型商事主体自身的特点。

（三）商事主体公示法定

商事主体公示法定，是指商事主体的成立必须按照法定程序予以公示，以便交易第三人及时知晓；未经法定公示者，不得对抗善意第三人。正是商事主体公示法定原则构成了商事登记制度，构成了商事交易合法性中的主体要件制度。

总而言之，商事主体法定原则是传统商事交易行为的自由主义向现代商事活动的国家干预转变的结果，是现代商事管理制度的核心，是商事登记制度的基础。它充分反映了作为私法的商法所含有的公法性成分。

二、公平交易原则

公平原则是民法最基本的原则。商法作为民法的特别法，民法的公平原则在商法中的具体体现为公平交易原则。

公平交易原则，是指商事主体应本着公平的观念从事商事行为，正当行使权利和履行义务；在商事交易中兼顾他人利益和社会公共利益。

商法维护公平交易的任务是：其一，要设立公平交易的行为准则，从而建立市场竞争的正常条件；其二，依据这些行为准则以及一般的公平原则，对各种异常行为进行识别和矫正，以恢复市场竞争的正常条件。

在商法上，公平交易的基本原则主要体现为交易主体上的平等原则和诚实信用原则。

（一）交易主体上的平等原则

现代商法上的平等原则主要指当事人之间的权利平等原则和市场参与者之间的机会均等原则。为了实现交易主体上的平等原则，应当从下列三个方面着手。

（1）在交易当事人之间应当贯彻合同法上的平等自愿原则，不允许运用欺诈、胁迫等不正当手段，使他人在违背其真实意思的情况下订立合同。

（2）企业组织内部成员之间的关系也要遵循平等原则。例如，公司股东大会基于资本权利平等的"一股一权"原则，合伙人之间基于人格平等的共同参与原则。

（3）在市场秩序方面，现代商法为了维护公平竞争原则，必须制定一系列的规则，禁止恃强凌弱，禁止以政治权力或其他特权谋取交易中的优势，禁止以不正当手段损人利己，禁止垄断和歧视。商事法律中针对不正当竞争行为的禁止性条款，就体现了这样的要求。

（二）诚实信用原则

诚实信用原则是现代商法中的一项极其重要的原则。在许多法律中规定了当事人披露有关事实的义务和履行约定条款的义务，禁止欺诈和背信行为。在一些国家，诚实信用原则还被用于解释和修正合同条款，以及对合同订立后因情势变更引起的合同利益的严重失衡加以补救。

诚实信用原则重在通过维持当事人之间的利益关系和当事人与社会之间的利益关系这两者的平衡来实现交易的公平。在当事人之间的利益关系中，诚实信用要求尊重他人的利益，以对待自己事务的谨慎与重视态度来对待他人事务，保证法律关系的当事人都能得到自己应得的利益。在当事人与社会的利益关系中，要求当事人在从事商事行为时，必须在法定范围内以符合社会经济目的的方式行使自己的权利，不得因自己的行为损害第三人和社会的利益。

在商事组织法律中，企业内部的忠实义务也体现了诚实信用原则的道德标准。例如，公司法规定公司董事必须忠实履行职务，维护公司利益，不得以职权谋取私利，不得侵占公司财产，不得同本公司进行交易，不得自营或者为他人经营与公司相竞争的营业。又如，保险法规定，投保人在订立保险合同时，应当遵循最大诚信原则，对保险的重要事实如实告知。

公平交易原则的内容主要体现为以下两个方面：其一，商事交易主体的地位平等，在交易过程中，任何一方不得享有法律上的特权。地位平等是实现交易公平的前提，是现代商品经济客观规律的反映。其二，诚实信用，即商事交易主体在从事商事行为时应该讲诚实、守信用，以善意的方式互为交易、履行义务，不得规避法律和合同的约定，以维护交易的公平。

三、交易简便、迅捷原则

商事交易，重在简便，贵在迅捷。商事交易的目的在于充分利用现有资源以追求最大的经济效益，而资金与商品的流转频率与其所获得的效益成正比。因此，商品的流转规律客观上要求法律应当充分保证商品交易的简便、迅捷。

交易简便、迅捷的意义在于节约时间成本。节约时间意味着减少费用和加快流转速度。为此，现代商法主张尽可能地消除一切不必要的手续、限制和干预，给交易者以充分的自由空间。现代商事立法大量采用任意性规范和弹性规则，其体现了这样一种思想：法律给予交易者必要的提示和指导，而具体交易条件和交易形式由他们自己决定。主要表现在以下几个方面。

（1）现代商法为实现交易简便、迅捷的主要措施是使商事交易的技术手段现代化。例如电子技术的采用。电子技术使交易快捷、便利和准确。

（2）承认默示行为在商法上具有法律效力。民法中关于合同成立的规定一般认为沉默不能构成承诺的意思表示。但是，在商法上，为了实现交易简便、迅捷，往往赋予沉默以积极的法律效果，即规定在一定情况下达到一定期限的沉默构成同意。例如，《德国商法典》第362条规定，在合同订立过程中，如果受要约人是商人，而其业务涉及对他人事务的管理，那么在其不打算接受要约时，必须做出明确表示，否则，其沉默将被视为同意。又如，法国在1967年发布的关于拒绝承兑的法律中规定，在接到有一定声明事项的票据后，十五日内没有提出异议的，视为同意支付该款项。

（3）商法上的证明形式自由。商事合同的证明形式比较自由。商法并不以双方签署名书面合同为唯一有效的证明形式，其允许通过证据或者依据相关事实的推断证明合同的存在。法国曾在 1980 年的一项法律中规定，对于商人，除非法律另有规定，商事合同可以通过各种方法缔结。合同的价值大小，一般只要有证人证明即可。借助双方当事人的来往信函、账册、副本以及一切足资推断的情况，都是可行的。但是，对于某些特定行为，法律要求采用书面形式，例如公司董事会决议、运输合同。证明形式自由可能带来一定的风险，但是，在一个有足够信用支持的商业社会中，矢口否认自己做出的行为，对一个商人来说无异于自断生路，因为这将使他失去那些愿意与之交易的人。

（4）短期时效制度在商法上的实行。对于商事行为所生的债权，实行短期时效制度，可以达到促使当事人迅速行使权利，了结债务的目的。在法国，商事合同的债权，消灭时效为 10 年，而民法上的消灭时效为 30 年。在我国，一般民事权利的诉讼时效为 3 年，而票据法规定的持票人对前手的追索权为 6 个月。

（5）解决商事纠纷的办法可以使用仲裁。商人们常常愿意将他们的商事纠纷提交仲裁。对于商人们来说，仲裁有如下好处：其一，迅速了结纠纷，这意味着他们可以减少诉讼成本和机会成本的损失；其二，请专家进行仲裁，这将使那些主要围绕专门性、技术性问题的纠纷能够得到更公正的裁判；其三，为当事人保密，由于商事仲裁是不公开进行的，而且其案情不允许公布，这有利于防止当事人的信誉受到纠纷的影响；其四，仲裁一裁终局，节省解决纠纷的时间。

四、鼓励交易原则

商法是自由经济的产物。虽然现代商法具有很强的公法色彩，不断加强国家对商事活动的干预，但这种干预的根本目的不是限制、妨碍交易，而是通过建立良好的交易秩序保障、促成交易。商法以鼓励交易为其基本原则之一，目的在于通过最大化地优化和利用资源，最大可能地促进社会经济的交往。正是鼓励交易原则，构成了市场经济条件下以保障交易为己任的商法与计划经济条件下以管制交易为己任的商法之间的根本性区别。

鼓励交易原则充分体现在商法的其他一系列原则和制度之中，主要表现为以下几个方面：其一，通过确立商法的其他基本原则，如短期时效，交易简便、迅捷，交易自由，意思自治，在合法前提之下最大限度地尊重当事人的交易意愿等，促进交易；其二，最大可能维护交易的有效性，如合同法中的可撤销制度、效力待定的制度等；其三，对于有过错或失误的交易行为，最大可能地为交易行为人提供补救机会，如破产重整制度等。

五、保障交易安全原则

保障交易安全原则，是指必须充分保障商事交易活动中交易各方对其行为内容予以充分提示，使相对人能够全面知晓，并加强法律监管，维护交易安全。

交易安全是与交易风险相对立的。随着交易标的的增大、交易手段的复杂、交易范围的扩大、交易周期的加快，现代商事经营活动的交易风险日益突出。商事关系中的不确定因素使人们无法确切地预测其交易行为的法律效用和法律后果，从而减少交易的动机或者增大交易的成本。因此，商法的一项任务就是尽量减少商事关系中的不确切、不稳定因素，提高交易行为的法律效果的可预见性，以增强人们的安全感，从而调动人们从事交易的积极性。现代商法的保障交易安全原则主要体现在以下几个方面。

（一）强制主义

强制主义又称为干预主义、要式主义，是指国家运用公法手段对商事关系进行强行的规制。它是商法公法化的体现和结果。

现代商法为保障交易安全，在必要的情况下设置了一些要式主义或干预主义的强行规定。这种情况属于商法自由原则的例外。要式主义就是针对一些特殊情况设立特别的形式要件或者特定的法律后果，以规范人们的交易行为，避免因行为人的欺诈或疏漏而造成损失。例如，对于公司章程、票据、保险单、提单等重要商事文书，法律规定了必要的记载事项，当事人必须遵照执行。又如，对于票据的出票、背书、承兑、保证等行为的性质、方式、效力、特定术语的意义以及特定行为的责任，法律做出明确规定，不允许当事人以协议加以取消或变更。

（二）公示主义

公示主义，是指商事活动的交易当事人对于涉及利害关系人利益的营业上的事实，负有进行登记并公示告知的义务。在涉及公众或多数当事人的场合，商法实行公示原则，要求将有关事实公之于世。公示的方式，一是登记，二是公告。登记是将有关重要事实和相关文件记载和保存在法定登记机关，供利害关系人随时查阅。公告是通过一定媒介将有关重要事件及事实向公众宣布。例如，公司的设立、注销、合并、分立等重大变动，涉及众多投资者和债权人的利益，故法律规定必须登记和公告。又如，破产法规定，破产案件受理和破产宣告的裁定都必须公告，以便债权人和其他利害关系人及时行使权利和履行义务。

（三）外观主义

外观主义，是指商法以交易当事人行为的外观为标准来认定其行为所产生的法律效果。按照外观主义原则，交易当事人的真实意思表示与意思表示不一致时，以意思表示为准，意思表示一经成立就发生法律效力。外观显示的内容优先于内在的真实意思表示，这样可以使外观依赖者的利益得到有效的保护。例如，票据上所载的发票地和发票日期，即使与真实的发票地和发票日期不相符，也不影响票据行为的效力。又如，在保险法中，依保险单的记载来确定保险当事人的权利和义务，也体现了外观主义。

总之，外观主义的本意是保护善意相对人，其依据就是保障交易安全原则。所以，在商事主体或者商事行为的性质不明的情况下，法律总是从有利于善意相对人的角度加以认定。

（四）严格责任主义

为了保障交易安全，商法采取了一些责任严格化的措施来加强对交易行为的风险约束。严格责任主义主要包括广泛的连带责任和无过错责任。严格责任的基本要求是防止行为人将损失风险转嫁给他人。例如，产品生产者和经营者应当承担因产品瑕疵所造成损失的赔偿责任；合伙人对合伙企业债务承担无限连带责任；股份有限公司的发起人应对因公司不能成立而产生的费用和债务承担连带责任；保险人对投保人或者被保险人的责任，即使是不可抗力所致，也应当承担责任。

（五）保护善意相对人

在商事交易中，一方当事人存在权利瑕疵时，如果相对人为善意买受人，则法律保护相对人的合同权利。例如，英国规定，公司董事超越公司授权范围的行为，公司应当承担其法律效果，除非公司能够证明相对人已知或者不可能不知该行为越权。在德国，《德国民法典》第932条的善意买受人保护制度，规定买受人只有在相信出卖人是标的物的所有人时，才能构成善意。但是，在商业活动中，商人常常有权出售属于他人的财物，如行纪、代理商等，因此《德国商法典》规定，那些知道出卖人不是所有人，但相信出卖人有权代表所有人出卖标的物的买受人，也应受到保护。

第三节　商事主体和商事行为

一、商事主体

（一）商事主体的概念

商事主体又称为商事法律关系主体，是指依照法律规定参与商事法律关系，能够以自己的名义从事商事行为，享受权利和承担义务的组织和个人。

在传统商法中，有的国家称商事主体为商人。商事主体有广义和狭义之分。广义的商事主体不仅包括商人，即从事商事活动的商自然人、商法人和商合伙，而且包括广大的生产者和消费者。狭义的商事主体仅仅是指实施商事行为的商人。商法上的商事主体是狭义的概念，仅仅是指实施了商事行为的商人。

（二）商事主体的特征

（1）商事主体必须是商法上规定的主体。这又称为商事主体法定原则。商事主体的类型、资格的取得和丧失等，都必须依照商法和商事法规的规定。商人必须依照商法的规定，取得商事主体资格才可以从事商事行为。商事主体包括了商自然人、商法人和商合伙，如个体工商户、有限责任公司和股份有限公司、合伙企业等。

（2）商事主体必须具有商事能力。商事能力是商事权利能力和商事行为能力的统称，是指商事主体依据商事登记所核定的范围，独立地从事特定的商事经营活动，享有商法上的权利并承担相应义务的资格和能力。商事能力是附加于民事能力之上的一种特殊能力。一般民事主体，未经法律的特别授权，不得从事商事经营活动。

（3）商事主体必须以自己的名义从事商事经营活动。所谓以自己的名义从事商事经营活动，是指在商事经营活动中，商事主体以自己的名义参加商事法律关系，并以自己的名义在商事活动中独立地享受权利、承担义务、履行法律上的责任。

（三）商事主体的分类

20世纪以来，随着现代公司制度的建立和一系列商事特别法的颁布实施，投资状态成为商事主体分类的重要基础。商事主体类型的发展变化在一定程度上反映了社会经济发展的状态，同时也体现了商事主体的不断成熟。

在现代各国商法中，商事主体表现为多种形式，不同国家的商事立法和不同的商法理论，常常依照不同的标准对商事主体进行分类。一般来说，主要的分类如下。

1. 依照商事主体的组织结构形态或者特征分类

依照商事主体的组织结构形态或者特征，即是自然人还是组织体以及组织形态等形式状况，商事主体可分为商法人、商自然人、商合伙。

（1）商法人，是指按照法定构成要件和程序设立的，拥有法人资格，参与商事法律关系，依法独立享有权利和承担义务的组织。

在我国，根据现行法律规定的经济组织形态，商法人的主要类型有：① 国有商法人；② 集体商法人；③ 合营或合资商法人；④ 私营商法人；⑤ 外商投资商法人。

（2）商自然人，也称为商个人、商个体、个体商人、个体商号，是指按照法定构成要件和程序取得特定的商事主体资格，独立从事商事行为，依法独立享有权利和承担义务的个体。

商个人可以在法律授权的范围内从事商事行为，但其行为受到法律的严格限制，它不能超越工商登记的范围实施经营活动，否则不仅行为无效，而且将受到法律的追究。

在我国，商个人的主要类型有：① 个体工商户；② 私营独资企业；③ 农村承包经营户。

（3）商合伙，又称为商业合伙，它是指两个或两个以上的合伙人按照法律和合伙协议的规定，共同出资、共同经营、共享收益、共担风险，并对合伙经营所产生的债务承担无限连带责任的商事组织。

在我国，商合伙的主要类型有：① 个人合伙；② 合伙型联营；③ 合伙企业。

2．依照法律授权或法律设定的要件、程序和方式分类

依照法律授权或法律设定的要件、程序和方式，商事主体可分为法定商人、注册商人、任意商人，或者称为必然商人、应登记商人、自由登记商人。

（1）法定商人，即以从事法律规定的商事行为为职业的人，无论其是否进行商业登记，都是商人。例如，从事货物买卖、制造、保险业务、银行和兑换业务、运输、印刷出版等商业活动的商人。

（2）注册商人，即从事非固定职业或从职业本身不能确定其为商人，而必须通过商业注册登记才能被确认为商人。例如，从事娱乐场所活动的人等。

（3）任意商人，是指依法由其自主决定是否登记注册的商人，主要是从事辅助商事行为的人。这些人既不以法律规定的商事行为为职业，又不是必须登记注册，其从事的商业活动带有任意性的特点。例如，从事装配、包装、洗涮等的企业和农业手工业者。

3．依照经营者的法律状态和事实状态分类

依照经营者的法律状态和事实状态，商事主体可分为形式商人、拟制商人。

（1）形式商人，即固定商人，是指以营利为目的，有计划、反复连续地从事商法列举的特定的商事行为的组织和个人。该种商事主体的特征主要有：一是该种商人所实施的行为均以营利为目的；二是该种商人是以法定商事行为作为其经常性职业；三是该种商人所从事的应是反复不断的营业性行为。

（2）拟制商人，是指虽然不以商事行为作为其经常职业，但商事法律仍将其视为商人的一类商事主体。例如，依据《日本商法典》第四条第 2 项的规定，依店铺或其他类似设施，以出卖物品为业者，或经营矿业者，虽不以实施商事行为为业，也视为商人。

4．依照经营者的经营规模分类

依照经营者的经营规模，商事主体又可分为大商人和小商人。

（1）大商人，又称为"完全商人"，是指以法律规定的商事行为作为其营业范围，并根据法定商业登记的程序和条件进行商业登记而设立的商事主体。大商人概念仅相对于小商人概念而存在，法律上并无"大商人"的用语。应当说，大商人实际上是符合典型商人标准的一般性商事主体。

（2）小商人，又称为"不完全商人"，是指从事商法规定的某些商事行为的当事人，依商业登记法的特别规定经登记而设立的商事主体。按照德国、日本和意大利等国家商法的规定，小商人所从事的商事行为主要是农牧业、修理业、服务业、手工业和零售业等。小商人的形式通常为商自然人、小型企业和小商号等形式。我国法律对小商人没有明确的规定。

5. 依照经营种类分类

依照经营种类，商事主体可以分为制造商、加工承揽商、销售商、供应商、租赁商、运输仓储商、餐旅服务商、金融证券商、保险商、代理商、行纪商、居间商、信托商等。

在我国，商事主体的种类没有以商法典的形式做出明确划分。可以从事商事经营活动的主体很多，它主要表现在民法、企业法、涉外企业法、工商登记法规以及税法等中。根据上述法律、法规的规定，在我国，商事主体主要表现为商法人、商自然人、商合伙人、商中间人、商辅助人等类型。

二、商事行为

（一）商事行为的概念

商事行为又称为商法律行为、商业行为，是指商事主体以营利为目的而实施的经营行为。

商事行为与民事行为相对应。关于商事行为的概念和范围，各国商法呈现出较大的差异。从历史上看，商事行为的范围也呈现出较明显的变动性。广义的商事行为包括了市场交易中的各种法律行为，如买卖、租赁、借贷、担保、运输、仓储、证券、票据、保险等。

（二）商事行为的特征

商事作为一种特殊的民事法律行为，具有民事法律行为的共性，同时又具有自身的特征。商事行为的主要特征如下。

1. 商事行为必须是以营利为目的而实施的行为

所谓以营利为目的，是指行为人的目的在于营利，而非公益或者其他。

商事行为作为一种以营利为目的的行为，着眼点在于行为的目标，而不在于行为的结果。是否实现了营利，并不是判断商事行为成立与否的依据。

以营利为目的对区分商事行为和非商事行为具有重要意义，公益单位、宗教组织、政治机构都可能从事经济活动，但它们均不以营利为目的，因而其行为都不是商事行为。许多国家立法中明确规定，只要是以商事主体的名义实施的行为，必然为商事行为。

2. 商事行为是经营性行为

所谓经营性是指营利行为的连续性和不间断性，它表明商事主体至少在一段时期内连续不断地从事某种同一性质的营利活动，因而是一种职业性营利行为。

多数国家的商法规定，一般民事主体偶尔从事营利活动，不属于商事行为。由于经营性活动是一种重复性、经常性的活动，已经被纳入了国家专门管理的范围，因此它与商事登记密切相关，即履行了商事登记的行为可以推定为商事行为。

3. 商事行为是商事主体所从事的行为

任何法律行为都是特定主体所从事的行为，主体的行为能力对于行为的有效性起着决定性作用，因此，从这个意义上说，商事行为是具有商事行为能力的商事主体所从事的行为。也正是基于这一点，一些国家法律明确规定，非商事主体所从事的行为不能认定为商事行为，不能适用商法。

4. 商事行为是体现商事交易特点的行为

商事交易是一种充分体现经济利益和经济效益的活动，商事行为又是以商事交易为内容的法律行为，因此，商事行为必然具有商事交易的一些重要特点。这些特点主要表现为以下三个方面。

（1）商事行为是与风险和风险防范紧密相连的行为。商事活动是一种风险与利益并存的活动，获利越高，风险越大。高风险下的高获利，常常是推动商事发展的动力，也是商事交易的规律和特点。商事行为作为一种受法律调整的行为，从行为的自发性而言，它具有高风险的特征；从法律对商事行为的规范性而言，行为的有序性和受法律调整性，又充分体现了其对风险的自觉防范。

（2）商事行为是保密性与公开性并存的行为。商事行为的经营手段、方法和经验等对竞争成功与失败至关重要，这些也是商事主体所特有的商业秘密，所以，商事行为是具有一定保密性的行为。另外，商事交易行为是一种以交易相对人的存在为前提的行为，交易过程和交易结果都直接影响着交易相对人，甚至社会公众的利益。为了保证交易安全，使交易相对人或社会公众对交易对方的情况、交易的内容有所了解，有些法定的信息必须公开，所以，商事行为又是一种具有公开性的行为。例如，法定的商事登记制度、年检制度、上市公司信息披露制度等。

（3）商事行为是注重商事效率的行为。商事交易的特点之一是商事效益与商事效率紧密相连，只有高效率才能实现高效益。商事行为的高效率主要体现在：交易形态定型化，如格式合同；交易客体证券化，如票据、提单等；筹集资金行为股票化，如上市公司股票发行。

（三）商事行为的分类

商事行为主要分为以下几种类型。

1. 绝对商事行为与相对商事行为

绝对商事行为是指依照行为的客观性和法律的规定而必然认定的商事行为。它不以行为主体是否为商人和行为本身是否具有营利性为认定要件，仅仅以行为的形式为认定要件。在许多国家，票据、证券交易、融资租赁、保险、海商等行为等均为绝对商事行为。绝对商事行为通常由法律限定列举，不得作推定解释。

相对商事行为是指依行为的主观性和行为自身的性质而认定的商事行为。它以行为主体是否为商事主体和行为是否具有营利性为认定要件。凡是由商人所从事的营利行为就是商事行为。

2. 单方商事行为与双方商事行为

单方商事行为是指行为人一方是商事主体，而另一方不是商事主体所从事的行为。对于单方商事行为的法律适用，各国商法的规定不尽相同。大陆法系国家商法通常规定，只要行为人中有一方为商人，其交易双方都应适用商法。但英美法系国家商法则规定，当行为人中只有一方为商人，该商人适用商法，作为另一方的非商人不适用商法。

双方商事行为是指当事人双方都为商事主体所实施的营利性经营的行为。双方商事行为适用商法。

3. 基本商事行为与辅助商事行为

基本商事行为是指直接从事营利性经营活动的商事行为。如买卖商事行为。

辅助商事行为是指其行为本身并不直接达到商事主体所要达到的经营目的，但却可以对以营利为目的的商事行为的实现起辅助作用。如仓储行为、广告行为、代理行为等。辅助商事行为作为一种从属性商事行为，是相对于主商事行为而言的。其实，从事辅助商事行为的主体本身也是为了实现一定的营利目的而实施此行为的。

4. 固有商事行为与推定商事行为

固有商事行为是指商事主体所实施的营利行为或者商法所确定的行为。

推定商事行为是指拟制商事主体所实施的经营性行为。这种商事行为通常不能根据法律的规定来确定商事行为的性质，而需要根据该行为本身的性质来推定该行为的性质，如非商事主体以营利为目的所从事的信息服务、咨询服务、间接代理等行为。

第四节 商事登记

一、商事登记的概念和特征

（一）商事登记的概念

商事登记是指商事主体或商事主体的筹办人为了设立、变更或终止商事主体资格，依照商事登记法规、商事登记法规实施细则以及其他特别法规定的内容和程序，由当事人将登记事项向营业所在地的登记机关提出，经登记机关审查核准，将登记事项记载于登记簿的法律行为。

商事登记是对商事经营中重要的或与经营的开展有着直接关系的事项的记载。登记内容和范围在法律上受到某种程度的限定。对于经营者来说，并不是有关它的所有事项都必须登记，与商事经营无关的事项不必登记。

根据我国法律的规定，商事登记的必要事项主要有商号、商事主体的住所、经营场所、法定代表人、经济性质、经营范围、经营方式、注册资金、从业人数、经营期限、分支机构、所有权人、财产责任等。

（二）商事登记的特征

商事登记的法律特征主要有以下几个方面。

（1）商事登记是商事主体设立、变更或终止的法律行为，其目的在于获得商事主体的资格和能力发生变化的结果。

（2）商事登记是一种要式法律行为，它必须按照法定要求将法定事项在法定主管机构办理，因此，其行为的内容、方式以及生效等都必须符合法律设定的要求。

（3）商事登记，从本质上说，是国家利用公权干预商事活动的行为，是一种公法上的行为。它是作为私法的商法的公法性最为集中的体现。

（4）由于商事登记的结果在于导致商事主体资格的变化，登记行为本身是创设和确立商事法律关系的基本要素，因此，它又是商法体系中必不可少的部分。

二、商事登记的对象与管理机关

（一）商事登记的对象

商事登记的对象是商事主体，但哪些商事主体必须履行商事登记手续，以及履行何种商事登记，各国法律的规定各不相同。

我国法律将登记对象分类主要有两种方式：一种是三分法，即将商事主体分为公司、非公司企业和外商投资企业；另一种是二分法，即将商事主体分为具备企业法人条件的企业和不具备企业法人条件的企业或经营组织。

（1）具备企业法人条件的企业。如全民所有制企业、集体所有制企业、私营企业、联营企业、外商投资企业、有限责任公司、股份有限公司以及其他性质的法人企业等。

（2）不具备企业法人条件的企业或经营组织。如个人独资企业、联营企业、企业集团、企业法人所属的分支机构、从事经营活动的事业单位和科技性社会团体、事业单位和科技性社会团体设立的经营组织、外商投资企业设立的从事经营活动的分支机构、外国公司的分支机构、农村承包经营户、个体工商户等。

（二）商事登记的管理机关

商事登记的管理机关是指按照商事登记法的规定，接受商事登记申请，并具体办理商事登记的国家主管机构。

各国关于商事登记管理机关的规定很不一样，主要有以下四种模式。

（1）法院是商事登记机关。如德国、韩国等国的商法规定，商事登记由地方法院办理。

（2）法院和行政机关均为商事登记机关。如法国商法规定，法院办理一般商事登记，行政机关办理公司商事登记。

（3）行政机关或专门设立的附属行政机构为商事登记机关。如美国、英国、日本等国的商事登记。在美国，根据一些州法律规定，商事登记在州政府秘书处；在日本，商法典规定商事登记在地方法务局。

（4）专门注册中心和商会为商事登记机关。如荷兰《商事注册法》规定地方商会负责保管当地商事注册文件。

在我国，商事登记的主管机关是国家工商行政管理机关。国家工商行政管理机关独立行使登记管理权，并实行分级登记管理原则，即国家工商行政管理局和地方的省、自治区、直辖市工商行政管理局及市、县、区工商行政管理局等多级管理。具体如下。

（1）全国性的公司、企业在国家工商管理总局办理工商登记，其他的一般都在地方工商行政管理局办理登记。

（2）公民个人，即私人企业一般在户籍所在地的市、县、区的工商行政管理局办理登记。

（3）对于外商投资企业实行特殊管理，即实行国家工商行政管理总局登记管理和授权登记管理的原则。

（4）关于登记机关管理权的行使和监督所奉行的原则是：不同级别的工商机关独立行使职权；但上级登记主管机关有权纠正下级登记主管机关不符合国家法律法规和政策规定的行为。

三、商事登记的种类和程序

（一）商事登记的种类

《中华人民共和国企业法人登记管理条例》规定的登记种类是开业登记、变更登记、注销登记。《公司法》中规定的登记种类是设立登记、变更登记、注销登记、分公司的设立登记。此外，《企业名称登记管理规定》还规定了商号的各项登记制度。

一般来说，商事登记主要有以下几种。

1. 开业登记

商事主体的开业登记又称为设立登记，是指商事主体的创设人为设立商事主体而向登记机关提出申请，并由登记机关办理登记的法律行为。

在实践中，商事主体设立登记主要分为公司设立登记、非公司企业设立登记和外商投资企业设立登记三种类型。根据法律规定，商事主体开业登记通常涉及以下内容：① 名称；② 出资人；③ 住所；④ 法定代表人；⑤ 注册资金；⑥ 章程登记；⑦ 企业的类型和经济性质；⑧ 经营范围。

2. 变更登记

变更登记是指商事登记机关对已成立的商事主体，因其自身情况发生变化，变更已登记事项的法律行为。通常，商事主体因合并、分立、转让、出租、联营以及因名称、住所、经营场所、法定代表人、经济性质、经营范围、经营方式、注册资金、经营期限、股东人数、非公司企业上级主管部门等发生变化，都会直接导致其产生变更登记。近年来，国有企业按《公司法》改制是商事主体变更登记的一项重要内容。

3. 注销登记

注销登记是指登记机关依法对被终止经营的商事主体，收缴营业执照、公章，撤销其登记注册号，取消其商事主体资格或经营权的法律行为。

商事主体解散、歇业、被撤销、宣告破产或者因其他原因终止营业时，必须办理注销登记，这是当代各国商事登记制度的通行规定。其目的在于保障社会交易活动的安全，方便国家对商事主体的宏观管理。

（二）商事登记的程序

商事登记的程序是指商事主体依法向登记机关申请登记、登记机关依法审查核准并办理登记注册的步骤和方法。

各国法律规定的关于商事登记的程序大同小异。在我国，主要分为下列五个阶段。

1. 申请

申请是指由商事主体创办人或商事主体提出的创设、变更商事主体或变更商事主体已登记的有关事项的行为。

申请必须以书面形式，必须按照法定要求提交相关的文件、证件以及必须填报的登记注册书。如果经营活动依法必须经行业主管机关许可，还必须提交相应的许可证明书。只有符合法定要求，登记主管机关才予以受理。

2. 受理

受理是指登记机关对登记申请人提交的登记文件予以初步审查，确认文件已经齐备，符合申请条件后做出的接受商事主体申请登记的法律行为。

受理以受理通知书的方式向申请人做出意思表示，受理机关同时应在登记文件中签署受理时间和受理意见。

3. 审查

审查是指受理登记申请的机关在接到申请者所提交的申请之后，于法定期限内对申请者所提交的申请内容依法进行审查的活动。

审查可分为以下三种。

（1）形式审查，是指登记机关仅仅对申请者所提交的申请从是否符合法律要求的角度进行审查，而不对登记事项的真伪进行调查核实。

（2）实质审查，是指登记机关不仅对申请者所提交的申请从形式上审查其是否合法，而且对申请事项予以调查核实，以保证登记事项的法律效力。

（3）折中审查，是指登记机关对登记事项有重点地进行审查，尤其对有疑问的事项予以审查，如果发现有不符合法律规定的，则不予登记。但已登记的事项不能因此而推定为完全真实，其登记事项的真伪最终还需由执行机关加以裁定。

4. 核准

核准是指登记机关对登记申请人提交的文件予以审查后，做出的登记并颁发执照的行为。

登记机关在收到申请人的申请及相关的材料并予以审核之后，应在法定期限内将审核的结果，即核准登记或不予登记的决定及时通知申请人。对予以核准登记的商事主体，应及时颁发有关证明，并及时通知法定代表人或商事主体负责人领取证照，办理法定代表人签字备案手续。

5. 公告

公告是指将登记的有关事项通过报道或其他途径让公众周知的行为。公告具有便于商事交易的进行、社会公众的监督、保障商事主体的合法权益等作用。进行商事登记之后，应当及时予以公告。

四、商事登记的效力

（一）商事登记的事项在法律上对第三人具有的效力

商事登记的效力在法的理论和司法实践中主要涉及两个方面的内容：第一，未履行商事登记的事项在法律上对第三人具有何种效力；第二，已履行商事登记的事项在法律上对第三人具有何种效力。

各国法律关于商事登记效力的规定不完全相同，归纳如下。

（1）商事登记是商法人获得法律人格的必要条件。未经登记及宣告，商法人不能成立，其行为不能被视为商事行为。但是，对于商个体和商合伙而言，商事登记仅仅具有宣告性，是其商人身份的法律认可。如果行为人未经登记而从事了商事经营活动，其不享有商人所享有的权利，但必须履行商人应履行的义务。德国、法国、瑞士的商法奉行这一原则。

（2）商事登记不是商事主体资格取得的必要条件。未经登记程序，行为人实施了商事行为，同样可以享有商人的权利并履行商人的义务。商事登记的作用仅在于保护商号和商事主体的商标等其他与商事主体相关的特殊权利。荷兰等国家的商法奉行这一原则。

（3）商事登记是各类商事主体成立的必要要件。未经商事登记程序，行为人即使实施了商事经营活动，也不享有商人的权利，同时也不必履行商人的义务，该行为可认定为无效行为。

在我国，根据工商登记法规的规定，商事登记不仅是商法人取得法人资格的前提条件，也是不具备法人条件的商事主体取得商事经营活动资格的前提条件。我国法律严禁未经登记的无证照经营行为。

（二）商事登记与公示对第三人的法律效力

合法有效的商事登记，必然对第三人产生效力。但是，登记与公示是密切相连的一个完整的法律行为。考察各国司法实践，登记与公示对第三人的法律效力是一个颇为复杂的问题。在这方面，大陆法系国家商法所奉行的几个重要原则，对于我们更好地理解商事登记的效力具有一定的参考意义。

（1）多数国家法律规定，只要必须在商事登记簿上登记的事项还未履行登记或还未予以公告，任何该必须登记事项的参与人都不可以用该事项来对抗第三人，除非第三人已经了解该事项的真实情况。

（2）一些国家法律规定，如果登记事项已经登记并已经公布，该事项则对第三人生效。但是，如果在登记事项公布之后一定时间以内，第三人既不知道，也无责任必须知道该登记事项，那么，该登记事项对其法律行为不产生效力。

（3）一些国家法律规定，如果登记事项公布有误，第三人可以针对负有登记义务的登记人，根据已公布的事实实施法律行为。除非第三人已经知道公布事实有误。在此，第三人必须是善意第三人，必须是该事项的局外人，不能是该事项的直接参与人；同时，第三人对公布内容的信任必须是导致他所实施的法律行为的直接原因。

五、商事登记的限制和监督管理

（一）商事登记的限制

商事登记的限制是指对于不符合法定要求的登记事项不予登记的制度。

各国商事登记法多采取授权性规范和义务性规范相结合的立法模式，即法律仅规定可以登记和必须登记的事项。一般在统一的商事登记法中，不采用禁止性规范的立法模式，即不列举不可以登记的事项，而是把商事主体不得申请登记的事项规定在其他一些专门的法中。

因此，从理论上说，商事登记的限制，可从主体的限制和行为的限制两个方面来理解。

1. 主体的限制

主体的限制主要包括主体职务上的限制和主体能力上的限制。

（1）主体职务上的限制。如公务员、国家工作人员不得登记从事商事经营活动。

（2）主体能力上的限制。如公司未经主管部门的专门授权，不能登记从事国家专控的经营业务。

2. 行为的限制

行为的限制主要包括行为符合法律规定的一般要求和具体要求。

（1）行为符合法律规定的一般要求。如所登记的行为内容不得违反国家经济政策和损害社会公共利益。

（2）行为符合法律规定的具体要求。按专门法律要求或国家授权设立的商事主体，只能登记从事获得专门授权的商事经营。如银行只能登记与银行业相关的经营活动。

（二）商事登记的监督管理

由于商事登记本身并不纯粹是一种按照申请人自由意志行为的活动，它具有很强的行政色彩，是国家的一种行政管理行为，因此，商事登记的监督管理就成为商事登记制度中的一项不可或缺的内容。

在各国法律中，对商事登记的监督管理所规定的方法并不完全一样。一般来说，商事登记的监督管理分为社会公众的监督管理和登记主管机关的监督管理。

（1）社会公众的监督管理。主要是规定公众享有查阅商事登记簿、查阅与登记相关的各项资料和信息的权利。

（2）登记主管机关的监督管理。主要是通过法律明确规定：① 登记主管机关对商事主体的登记事项负有监督管理的职责；② 对于商事主体违反登记法规的行为有权予以处罚。

在我国，根据《中华人民共和国企业法人登记管理条例》及其他法规的规定，如果商事主体违反工商登记管理法规，工商登记主管机关可以根据情况分别给予警告、罚款、没收非法所得、停业整顿、吊销营业执照等处罚。

第五节　商号和商事账簿

一、商号

（一）商号的概念

商号又称为商事名称、商业名称，是指商事主体在从事商事行为时所使用的名称，即商事主体在商事交易中为法律行为时，用以署名或让他的代理人用其与他人进行商事交往的名称。

商号的概念，在我国法律中没有一致的解释。规定商号的法律主要有《民法典》《企业名称登记管理规定》以及工商登记的单行法规。

我国《民法典》中对个体工商户和个人合伙的商事名称称为"字号"，而在《企业名称登记管理规定》中对工商企业的名称称为"企业名称"，与此同时，该规定第七条中将"字号"等同于"商号"。

商事主体的名称统称为商号。商号的概念有广义和狭义之分。在广义上，商号既包括工商企业的名称，也包括个体工商户的字号；在狭义上，商号仅仅指字号。

（二）商号的法律特征

商号作为商事主体从事商事行为时所使用的名称，在法律上具有以下几个方面的重要特征。

（1）商号仅仅是一个名称，这个名称本身不是法律上权利与义务的承担者，不等于承担权利与义务的行为人。因此，商号不等同于商事主体，就像公司的名称不等于公司一样。

（2）商号是商事主体用于代表自己的名称，它依附于商事主体，是商事主体相互区别的重要外在标志。

（3）商号是商事主体的商事名称，也就是说，只有商事主体在从事商事行为时才可以使用这一名称。在一些国家中，商事主体的商事名称可以与自然人的姓名相同，在这种情形下，区分是在商事行为中使用，还是在个人生活中使用，就具有实际价值。

（三）商号与其他商事标记的区别

（1）商号与商事经营者的姓名。商号仅仅是商事主体的名称，商事主体在从事商事行为时，应该使用商号。在一般情况下，商号与商事经营者的姓名不一致。但在特殊情况下，它们可以相互一致，于此情形，则需确定使用者是否在从事商事行为时使用了这一名称，否则，这一名称的使用只能视为使用者个人的行为。

（2）商号与商店招牌。商店招牌，包括厂牌，是指商事主体挂在营业场所门前作为标志的牌子。它只是商事主体住所地的告示，起到营业场所的广告作用。在多数情况下，商店招牌与商号相一致，但有时商事主体不用商号作为招牌，而使用其他的文字、图案、符号作招牌。

（3）商号与行号。行号是大陆法系国家商法中的一个概念，是指商事营业场所的名称。大陆法系国家的商法学家认为，商号与行号的最大区别在于，行号指明的仅仅是企业；商号指明的则是企业的承担者，即商事主体。大陆法系国家商号与行号的区别，近似于我国商号与商店招牌的区别。

（4）商号与商号缩写。西方国家商法中规定，商号缩写由商号缩略而成，它通常可以被用作电报上的地址来使用。如果商人使用的商号缩写与流行的商号缩略规则相一致，那么，这种商号缩写在法律上享有与商号同等的效力。

（5）商号与注册商标。注册商标是指属于一定的经营企业的特种商品或产品的标记，它适用商标法，而不适用关于商号的法律规定，两者在形式构成、实际作用、法律调整等方面都存在差异。因此，商号与注册商标的性质迥然不同。

（四）商号的选定及其限制

1. 商号的选定

商号的选定是指商事主体按照法律的要求取得商号。不同国家在商号选定方面奉行不同原则。主要有以下两种。

（1）商号自由原则，即商人选用何种商号，法律不加以限制，但法律并不排除商号选定时某些内容禁止使用。

（2）商号真实原则，即法律对商号选定予以严格限制，商号必须反映商事主体的真实状况。具体来说，就是商号与商事主体的营业种类、经营范围、投资状况等相一致，不可以给公众造成一种假象或者产生迷惑，否则法律将禁止其继续使用。

在我国，从《企业名称登记管理规定》的内容看，我国商号制度所奉行的为商号真实原则。该原则对商号选定有如下几个方面的要求。

（1）商号应依次由字号、行业或经营特点、组织形式三个部分组成。

（2）商号应当冠以商事主体所在地的省（或自治区、直辖市）或者市（州）或者县（市辖区）行政区划名称。

（3）某些商事主体的名称可以不冠以所在地行政区域的名称。这主要包括：① 法律规定可以在名称中冠以"中国""中华""国际"字词的商事主体；② 历史悠久、字号驰名的商事主体；③ 外商投资的商事主体。

（4）商号中的字号应当由两个以上的字组成。商事主体可以使用本地或异地地名作字号，但不得使用县以上行政区域名称作字号。私营企业可以使用投资人姓名作字号。

根据法律规定，在我国，商号的构成一般采用四段式结构：第一部分是主体所在地行政区域的名称；第二部分是主体的具体字号；第三部分是依照国家的行业分类标准划分的主体行业或经营特点；第四部分是主体的组织结构或责任形式。如北京昌达房地产有限责任公司。

2. 商号选定的限制

无论是奉行商号真实原则还是奉行商号自由原则，各国商法都不同程度地规定了对商号选定的限制。我国《企业名称登记管理规定》对商号的选定做出了一系列限制，主要有以下几个方面。

（1）商事主体原则上只允许使用一个商号，在同一工商行政管理机关辖区内，新登记的商号不得与已经登记注册的同行业的商号相同或近似，如有特殊需要，经省级以上工商行政管理机关批准，商事主体可以在规定的范围内使用一个从属商号。

（2）商号的内容和文字涉及法律所列举的不得使用的事项时，这类商号将被禁止使用：① 有损于国家和社会公共利益的商号；② 可能对公众和社会造成欺骗或误解的商号；③以外国国家（地区）名称、国际组织名称作为内容的商号；④以党政名称、党政机关名称、群众组织名称、社会团体名称及部队番号作为内容的商号；⑤以汉语拼音字母（外文名称中使用的除外）、数字作为文字的商号；⑥其他法律、行政法规禁止使用的商号。

（3）商号的选定必须遵守语言文字的统一要求，除民族自治地方的企业可以使用本民族自治地方通用的民族语言外，其他商号一般应使用汉字。如果在企业名称中需要增加外文名称的，该外文名称应该与所翻译的中文名称相一致。

（4）设分支机构的商事主体，该商事主体及其分支机构的商号的选定应符合法定要求：①在商事主体的商号中使用"总"字的，必须下设三个以上分支机构；②不能独立承担民事责任的分支机构，其名称应当冠以其所从属商事主体的名称，缀以"分公司""分厂""分店"的字词；③能够独立承担民事责任的分支机构。

（5）联营商事企业的名称可以使用联营的字号，但不得使用联营成员的商号。联营商事企业应当在其商号中标明"联营"或者"联合"的字样。

（五）商号权及其保护

商号权是指商事主体依法享有的对商号的专有使用权。它包括专有权和使用权两个方面。专有权具有排斥他人使用容易混同的商号的作用；使用权具有防止他人妨碍商事主体使用其商号的作用。

多数国家法律规定，商号依法登记后，商事主体方可取得商号权，但也有一些国家法律规定，在未履行登记之前，商事主体使用了某一商号，它就可以获得该商号权，而履行登记只是加强这种权利的保护。

在我国，根据法律规定，商号权以登记为取得要件。商号登记是商事主体工商业营业登记的必要事项。

商号权是一种名称权，属于法律上的绝对权，而非相对权。商号权是兼人身权与财产权于一体的混合性权利。

商号权作为一种特殊的法律权利，它具有以下几个重要特点。

（1）商号权具有区域限制性。各国法律普遍规定，商号登记的效力受一定区域范围内使用的限制。除全国驰名的大企业的商号可以在全国范围内享有专有使用权外，其他商事主体，其商号只能在其所登记的某一地区，如省、自治区、直辖市、市、县等范围内享有专有使用权。

（2）商号权具有公开性。商号必须通过登记而予以公开，可以为他人知晓。登记则为公开的必经程序。商号的创设、变更、废止、转让、继承等都必须通过登记程序进行公开，未经此程序者，不得对抗善意第三人，不对外发生效力。

（3）商号权具有可转让性。在我国，根据现行立法和司法实践，商号权可以转让，但一般应与商事主体的经营同时转让，至于商号权是否可以单独转让，理论上依然存在着较大的争议。

合法使用的商号必须受到法律保护，这是各国法律中奉行的关于商号权的一个基本原则。保护商号权的法律，在商法之外，主要涉及民法、反不正当竞争法、商标法等。

商号权保护的方法主要有以下两种。

（1）商号管理机关行使商号保护权。这主要是指当行为人使用了法律规定其无权使用的商号，如合伙人以有限责任公司的名义进行经营、有限责任公司以股份有限公司的名义进行经营等，商号主管机关则可以通过行政或司法途径，对其予以处罚，禁止其使用。

（2）商号权利人行使商号保护权。这主要是指，如果他人由于未经允许使用商号或妨碍商号权利人使用其商号，致使商号所有人的权利遭受侵犯，商号所有人可以通过司法途径要求他人不再使用该商号并排除妨碍，与此同时，商号所有人还享有损害赔偿请求权。

二、商事账簿

（一）商事账簿的概念

商事账簿是指商事主体为了表明其财产状况和经营状况而依法制作的簿册。商事账簿是商法调整的一项重要内容，各国商法都对其有专门的规定。在我国，没有制定专门的商事账簿法，有关商事账簿的规定主要体现在《中华人民共和国会计法》《中华人民共和国审计法》《企业会计准则》《企业财务通则》以及关于股份有限公司，尤其是上市公司财务管理的规定等法律法规之中。

商事主体是否都必须制作商事账簿，在我国，法律对此并没有明确规定。不过，根据法律的规定，只从事小规模经营活动的商事主体，如个体工商户，也必须按照税务机关的规定建立、使用和保管账簿、凭证。如因规模太小，确无建立账簿的能力，而聘请财会人员又实有困难者，经税务机关批准，可以暂缓建账，但是进货、出货的凭证和发票必须妥善保管好。

（二）商事账簿的种类

各国商法对商事账簿的分类所做的规定不尽相同。在我国，一般认为，根据会计、审计法律法规的规定，商事账簿的分类主要有会计凭证、会计账簿和会计报表三种。

（1）会计凭证是指记录商事主体日常经营活动情况并作为依据的书面证明。根据法律的规定，商事主体在经营活动中所做出的货币收付、款项结算、货物进出、财产增减等都必须由经办人员取得或填制会计凭证，并以此作为结算的依据。没有会计凭证不得收付款项、进出财物、进行财产处理。会计凭证所记载的事项必须真实、客观、可靠，商事主体不得做出虚假会计凭证。

（2）会计账簿是指按照一定的程序和方法，连续、分类记载商事主体经营业务活动的簿册。它通常由主管部门按一定的格式统一印制，由具有专门格式并互有联系的账册组成。

会计账簿种类很多，按其性质和用途可分为序时账簿、分类账簿和备查账簿等。序时账簿又可分为普通日记账和特种日记账两种。根据法律的规定，在商事经营中，商事主体都必须根据其组织形式、营业性质、收支状况等实际需要，制作适合其经营特点的会计账簿。会计账簿所记载的各项内容都是商事主体编制会计报表、进行经营活动分析、进行资产审计评估以及在涉及法律诉讼时作为证据材料的重要依据。

（3）会计报表又称为会计表册，是指以货币为计量单位综合反映商事主体在一定时期内，即一定的会计期间内的生产经营活动和财务状况的一种书面报告文件。它一般是根据会计账簿的记载，按照主管部门统一印制的格式、内容和方法要求编制而成的。

会计报表同样是由商事主体所提供的，证明其经营和财产状况的、具有法律效力的书面文件。它通过有重点地、简明地、全面地反映商事主体的财务状况和经营状况，从而向商事主体的经营管理机关、商事主体的交易相对人以及政府有关部门等会计报表使用人提供必要的财务资料和会计信息。

（三）商事账簿的法律效力

符合法律规定的条件而制作的商事账簿具有法律效力。一般认为，这种效力主要表现在以下三个方面。

（1）对于商事交易各方而言，尤其在商事交互计算中，商事账簿是其进行财物清点核算的重要依据。

（2）对于商事主管部门而言，商事账簿是进行稽核审计、计算税率、资产评估等的重要依据。

（3）在法律诉讼中，商事账簿具有重要的证据效力。

各国法律都不同程度地规定了商事主体有保管商事账簿的义务。但对于不同的商事主体，保管的方式和期限规定不同。在我国，根据《中华人民共和国会计法》规定，会计凭证、会计账簿、会计报表和其他会计资料，应当按照国家有关规定建立档案，妥善保管。根据《公司法》规定，公司不仅应妥善保管商事账簿，而且还应按照法律或公司章程的要求及时向公司股东提供商事账簿。

第二章 商法的发展和相关法律

第一节 我国商法的历史发展

一、我国古代商法

在鸦片战争以前，我国不存在独立的现代意义上的商事法律制度，主要原因如下。

（一）中国古代社会是小农经济社会

在小农经济社会里，生产的产品是以日用消费品为主，工业及手工业都不发达，商业所经营的商品也主要是日用消费品，而且一些重要的消费品，如食盐、铁、油、茶，从汉代起就一直实行国家专营。土地这种生产资料，是按照封建土地所有制的方式去经营。商人在社会上的地位很低，人数较少。为数不多的商人最终被封建地主同化，始终未形成一个独立的社会阶层，从而缺乏促进商法发展的动力。

（二）重农抑商的政策始终占主导地位

商人始终是四民之末，《史记·商君列传》记载商鞅变法时就把商业与手工业列为"末作"。在立法中规定"僇力本业，耕织致粟帛多者复其身；事末利及怠而贫者，举以为收孥"。《旧唐书·食货志》记载两汉之后，各朝代多在身份、进士和服饰上对商加以限制。如唐高宗下禁令"工商不得乘马""工商杂类不得预于士伍"，并规定"有市籍不得官，父母有市籍者，亦不得官"。即工商者本人不得为官，而且其子孙也要受到限制。《清朝文献通考》记载，清雍正二年（公元1724年）的上谕中仍言："朕惟四民，以士为首，农次之，工商其下也。汉有力田孝悌之科，而市井子孙不得仕官。"

（三）以刑为主的法律体系

中国古代的法律体系是以刑为主、诸法合体、重刑轻民、实体法与程序法不分的成文法结构体系。中国社会历来重视家族、家庭的作用，把家庭视为国家和社会的基础，形成了家庭本位的理念。家庭本位的核心是家长权，其最主要的是作为一个整体的家庭财产权。因此，刑法和民法在封建社会中没有本质的区别，法律是礼治的工具，礼的核心是尊卑、贵贱、亲疏一类的宗法观念，它又主要表现为家庭关系，法律维护的是夫权、父权、族权，家庭本位在中国有着牢固的基础。与这种血缘关系相适应的简单商品生产，只能产生以刑为主、重刑轻民的法律体系，而不可能形成商业文明，也就不可能有现代意义的商法。

二、我国近代商法

（一）清王朝的商事立法

1840年鸦片战争后，中国逐渐沦为半封建半殖民地社会。19世纪后半期开始，一部分商人、地主和官僚投资近代工业，社会经济结构发生了变化，相应地，清朝的政治法律制度也发生了一系列变化。清朝统治者为了维持岌岌可危的封建政权，宣布实行"新政"。光绪皇帝在变法维新中把制定商法看成"通商惠工""经国之要政"，为了"慎重商政，力图振兴"，1903年派载振、伍廷芳、袁世凯等编定商律。1904年制定了《公司律》和《商人通例》，1906年制定了《破产律》，1909年制定了《大清商律草案》。在体例上仿效日本商法，在内容上则多借鉴德国商法。但这些立法大多尚未颁行，就随着清朝的灭亡而成为历史文献了。

（二）民国时期的商事立法

民国政府成立后，在《大清商律草案》的基础上，于1914年制定颁行了《"中华民国"商律》，实行民商分立的立法体例。此后又颁行了《公司条例》与《商人通例》。国民政府迁都南京后，改采民商合一立法体例，于1917年制定了兼含商法章节的《民法典》。该法典将旧商法中的商法总则、商人、经理人、代办商、商事行为、交互计算、行纪、仓库、运送等制度并入民法债编，某些不能并入民法典的商法制度，以单行法规定。1919年以后，国民政府又相继制定了《票据法》《公司法》《海商法》《保险法》和《商事登记法》等，从而形成了民国时期民商合一与单行商法补充的立法格局。

三、我国现代商法

（一）市场经济建立前的商事立法

新中国成立后，在长期高度集中的计划经济体制下，忽视商品生产、价值规律和市场的作用，忽视民主和法制建设，国家和地方虽曾颁布过一些商业法规，但不少已经废止、失效。我国始终未能制定统一的商事基本法，实质意义的商法发展长期处于非系统化的状态。但是，如果从我国法律的具体内容来看，在现行法中实际上存在着大量旨在规制营利性主体从事营业活动的基本规则和制度。

（二）市场经济确立后的商事立法

十一届三中全会后，我国开始了社会主义市场经济的建设，一批调整市场经济关系的单行商法相继颁布：1986 年的《企业破产法（试行）》、1992 年的《中华人民共和国海商法》、1993 年的《公司法》、1995 年的《票据法》《中华人民共和国保险法》《中华人民共和国担保法》、1997 年的《合伙企业法》、1999 年的《合同法》《个人独资企业法》等。

2019 年 3 月 15 日，十三届全国人大二次会议表决通过了《中华人民共和国外商投资法》，自 2020 年 1 月 1 日起施行。

虽然我国仍然没有统一的商事基本法，但是这些单行商法在维护市场经济秩序中发挥了重要作用。

第二节　商法与相关法律的关系

一、商法与民法

商法与民法是私法领域的两大法域，两者有十分密切的关系。通常认为，民法和商法是一般法与特别法的关系，民法对市民社会的私人之间关系做出一般性的规定，商法则仅对商事关系进行特别规定。因此，二者在许多方面有共同之处，同时也存在众多差异。

（一）商法与民法之间的联系

（1）就调整对象而言，商法和民法均是调整民商事行为的法律，都属于私法范畴，调整的都是平等主体之间的财产关系。商法是以营利性的营业行为为调整对象的，而营利性的营业行为只是社会经济生活的一部分；民法的债权制度则是以财产流转关系为调整对象，即调整的是流通领域的商品交换关系。因此，商法和民法都是规范财产归属和流转的法律。

（2）从调节机制看，商法和民法都强调当事人的意思自治。在民商法领域，法律规范大多是任意性规范，赋予当事人在合法的范围之内，自由选择从事民商事活动的内容和方式的权利。

（3）在法律原则方面，商法和民法有许多共同之处，如二者都适用公平、平等、诚实信用原则。

（二）商法与民法之间的区别

（1）调整对象不完全相同。民法所调整的是平等主体之间基于各种民事活动而形成的人身关系和财产关系，不但包括等价有偿的经济关系，而且包括无偿的社会关系；商法是以经营性主体的营利活动为调整对象的，其内容是生产经营性的经济关系，具有等价有偿的特点。

（2）基本价值取向不同。民法所关注的不是主体获得超过其投资的利益，而在于民事主体之间的法律地位平等和利益均衡，因此，公平是其首要价值。公平原则体现在民法制度的各个方面，贯穿于民法规定的始终，民法的三大基本原则——人格平等、私有财产神圣不可侵犯、合同自由，以及其他的原则都体现了公平。

商法调整的是商事主体在商事交易活动中发生的营利性经济活动，其所关注的是商事主体的资本的增值，营利性是其基本特征，因此，效益就成为商法的最高价值取向。商法的许多制度都是为了实现效益而设计的。例如，为实现商事交易的营利目的，必须要求交易能迅速完成，为此，商事法律规定了较短的时效期间和交易对象定型化、证券化的制度，以增加交易的次数。

（3）性质有所不同。民法属纯私法，调整的是平权关系；商法本质上是私法，以私法为主体，但又具有公法的属性，调整的是平权与不平权兼有的关系，如商事登记、商事账簿、商事破产程序等都兼有很强的调整不平权关系的公法色彩。因此，民法是私法规范体系；商法是以私法规范为主体，私法规范与公法规范相结合的法律规范体系。

（4）伦理色彩的程度有所不同。从伦理色彩的特点上看，各国民法注重固有的传统，具有强烈的伦理色彩；商事活动的跨国界性决定了商法具有世界性，本土化的性格比较弱，与民法的伦理色彩不同，商法的众多规范都是纯技术性的。

（5）法律规范的稳定性不同。从法律规范的稳定性上看，由于民法的固有的伦理性，民事法律规范比较稳定；而商法的技术性以及商事交易活动的多变性，决定了商事法律规范的制定和修改较为迅速、频繁，不如民事法律规范稳定。

二、商法与经济法

与商法相比，经济法是个比较新的概念。19 世纪末 20 世纪初，西方国家由自由资本主义进入垄断资本主义阶段。第一次世界大战后，垄断导致了资本主义世界的整体经济危机。为了缓和各种社会矛盾，稳定社会经济秩序，西方各国开始转变在自由资本主义时期所奉行的尽量少干预经济的政策，转而实行积极的干预政策，于是出现了一系列与国家干预经济活动相适用的法律、法规，学者们将其称为"经济法"。

现代社会，随着商事活动规模的扩大，专业经济组织的增多，经济活动日益社会化、公益化，国家对宏观经济活动的管理和干预也就愈发重要，经济法也因此在各国获得了普遍发展。经济法产生以后，其与商法之间的关系便成为学者们研究的课题。德国学者柯洛特（Krott）主张经济法包括商法，是规范各种职业阶层经济生活特别关系的法规的总称。德国学者赫德曼（Hedeman）则主张经济法是社会法的一部分，与传统商法不同。卡斯克鲁（Kaskel）认为经济法是促成民商合一而代替商法的总名称。学者们的观点都有一定的道理，但同时又都没有从总体上把握商法和经济法的关系，难免有以偏概全之嫌。应当承认，商法与经济法既有共性，又有差别。

（一）商法与经济法的联系

（1）从规范对象来看，二者都是规范经济关系的法律。商法规范的是商事主体之间因商事交易活动而产生的经济关系；经济法则调整因国家干预商事主体的经济活动而产生的经济关系。

（2）从规范性质来看，二者都具有公法性。商法本质上是私法，但在调整平等主体间商事关系的同时，还运用国家公权力对商事主体进行监督，所以又带有一定的公法性，如商事登记制度对商事主体人事条件的强制性规定就是具有公法色彩的规范；为了维护社会经济秩序，经济法对商事主体的经济活动进行宏观调控，必须借助国家公权力，采取强行法的形式，因而经济法在本质上是公法。

（二）商法与经济法的区别

当市场经济处于正常状态时，价值规律、竞争规律、供求规律等"无形之手"发挥调节市场的作用，主体的市场行为必须符合这些规律，否则就会受到无情的惩罚。商法的任务就在于努力体现这些规律的要求，把"无形之手"变成一套看得见、摸得着的行为规范。当规范市场的各种规律失灵，市场处于"非常态"时，商法将无法保障市场秩序公平地进行。这时就需要国家以"有形之手"干预经济活动，以强制性的法律规范规制市场主体的行为，恢复正常的市场秩序。经济法的目的就在于保持自由、平等和公平竞争的市场秩序，其调整的是市场失灵状态下的经济关系。因此，商法和经济法所调整的经济关系是两种性质根本不同的关系，由此决定了二者在许多方面有所不同。

（1）调整的范围不同。商法调整的是营利性的主体在营业活动中发生的商品交易关系，这类关系发生于平等主体之间；经济法调整的是国家因管理市场秩序、干预商事主体的经济活动而产生的关系，是非平等主体之间的经济关系。只要商事主体的交易行为不危及整体交易秩序，就适用商法；否则，就需要由经济法进行调整。

（2）调整方法不同。商法同民法一样，强调当事人地位平等、意思自治，多采用自律的调节方法；经济法是国家以社会的名义对国民整体经济生活进行调整，主要采取他律的方法。由此决定了商法规范大多是任意性的，强制性规范是少量、明确和具体的；而经济法规范则大多是强制性的。

（3）价值取向不同。商法侧重于以各种具体规范保证商事主体实现其营利目的，保护的是商事主体的个体利益，因此，效益是其首要的价值追求；经济法关注的是社会整体利益，目的在于建立公平竞争的市场秩序，以追求社会公共利益的实现，即公平是经济法的基本价值取向。

三、商法与行政法

商法作为私法规范与公法规范相兼容的法律规范体系，其公法性规定主要为行政法律规范。行政法是调整行政活动的法律规范的总称。它主要规定国家行政权力的组织、行政权力的活动以及对行政活动后果的救济。因此，商法与行政法既存在规范体系上的联系，又存在性质上的区别。

（一）商法与行政法的联系

商法与行政法的联系颇为密切。商法中的公法性规范主要是行政法律规范，如商事登记制度、商事账簿制度、股权转让登记制度、船舶登记制度等。这些制度的制定目的就是为了保障商事秩序的建立和商事权利的实现。从这个意义上来说，商事活动中的行政法调整是商法对行政法的补充。

（二）商法与行政法的区别

行政法调整的行政关系与商法调整的商事关系具有不同的特性，主要区别如下。

（1）法律关系的产生意志不同。行政关系是根据国家意志产生的，是国家权力运用的结果；商事关系是基于商事主体的自由意志产生的，是商事主体自主自愿行为的结果。

（2）法律关系的主体不同。行政关系中的法律主体，必然有一方为国家行政管理机关，有时双方皆为行政管理机关；商事关系中的双方一般皆为公民、法人或其他经济组织，国家只是在例外情况下才成为商事主体，如政府采购、国家发行国库券等。此外，当国家行政机关对商事主体行使管理职权时，可以成为由此形成的法律关系的主体，但这种法律关系不等同于商事法律关系。

（3）法律关系中的当事人地位不同。行政关系具有隶属性，是一种不平权关系，当事人地位具有不平等性；商事关系中的当事人地位具有平等性，是一种平权关系。

（4）调整方法不同。行政法以强制性规范为主，其调整方法具有强制性；商法以任意性规范为主，其调整方法具有任意性。

（5）权力（权利）的行使方式有所不同。行政关系中主体所获得的权力是由国家授予的，它是职权与职责的结合，其权力与特定主体密切联系，不可任意放弃，也不可随意转让；商事关系中主体的权利与主体的个人意志及利益相联系，并可由主体依照自己的意志合法处置。

四、商法与国际商法

近代商法的起源是欧洲中世纪地中海沿岸各国的、具有国际性的商人习惯法。民族国家形成以后，各国相继将商人习惯法纳入国内立法，在这一时期，商法的国际性依然存在。但实践证明，商法被纳入国内法后，严重妨碍了商品与服务的国际流通。它使人们认识到，商品交易适用的法律在世界范围内应当是统一的。

近年来，随着国际经济一体化的发展，商法的国际化趋势日益增强，国际商事规则、条约随之增多，如《国际贸易术语解释通则》《跟单信用证统一惯例》《船舶碰撞及海难救助统一公约》《汇票、本票及支票统一公约》《联合国国际货物销售合同公约》等。当然，这些国际商事规则是协调国内商法的结果，来源于国内商法；反之，某些国际商事制度、规则一旦被证明是行之有效的，很快就会被各国的国内立法所吸收。因此，国内商法与国际商法之间是一种融合统一的关系。

第三章　个人独资企业法律实务

第一节　个人独资企业法律概述

个人独资企业作为我国立法规定的市场主体的一种，作为一种经营实体，其产生和设立也不能没有一定的条件和资格而随意进行。据国家工商行政管理局资料介绍，以前已有这样的企业形式，但没有专门的立法规范，主要是沿用私营企业条例中的有关规定和参照个体工商户的有关规定予以登记管理。

一、个人独资企业法简介

《个人独资企业法》是为了规范个人独资企业的行为，保护个人独资企业投资人和债权人的合法权益，维护社会经济秩序，促进社会主义市场经济的发展，根据宪法制定本法。其由第九届全国人民代表大会常务委员会第十一次会议于 1999 年 8 月 30 日修订通过，自 2000 年 1 月 1 日起施行。

二、《个人独资企业法》的立法宗旨、适用范围和立法依据

1. 立法宗旨

（1）规范个人独资企业的行为。

（2）保护个人独资企业投资人和债权人的合法权益。

（3）维护社会经济秩序，促进社会主义市场经济的发展。

2. 适用范围

它只适用于一个自然人依法设立的个人独资企业，不适用于具有独资特点的全民所有制企业、国有独资公司和外商独资企业。

3. 立法依据

在现今的社会经济生活中，人们不断地接触企业，也承认企业的普遍存在，但企

业是什么，众说纷纭，各有不同的理解。例如，有人认为企业就是企求达成自己某种目的和同时满足他人需要的事业；有人认为企业是谋取利润的经济组织；有人认为企业是作为生产单位而设立的；有人认为企业是具有法人资格的社会经济组织；有人认为企业是一种代替市场来协调生产的组织，此外，还有若干不同的见解。由于对"企业"这个概念存在着理解上的差异，也由于在某一个特定时期对"企业"这个概念限制使用，也会对人们的观念产生影响，从而产生个人独资企业是否可以称作企业的疑虑，并且这种疑虑在中国的相当一部分人中是存在的，需要适当说明。

对于"企业"这个概念的理解，一般地说，应当是从事生产经营活动的实体，它作为社会的基本经济单位独立存在，有自己的财产和独立的利益，从事生产经营的目的是营利。企业在市场中是一个市场主体，根据一定的条件和程序登记设立，内部管理有一定的规范。可以说，这些都是企业的一般特征。而对于这个企业是由一个人投资还是由许多人投资，是规模比较大还是规模小，企业的投资人对企业的债务承担有限责任还是承担无限责任，企业是属于什么所有制的，企业是从事生产的还是从事商业服务的，或者兼而有之，等等，这些都不是认定企业的标准，也就是不属于企业的基本特征，而是属于企业形式、企业规模、企业经济性质、企业经营范围方面的问题。根据这种理解和分析，个人独资企业应当是一种企业，它具有企业的特征，并且作为一种企业形式还有自己的特征，这将在本书的后面内容中做具体分析。

长期以来，中国对企业的立法是以所有制的划分为基础的，例如，制定的《中华人民共和国全民所有制工业企业法》，就是以国有工业企业为调整对象；制定的《企业破产法》就只适用于全民所有制企业；又如，制定的《中华人民共和国乡村集体所有制企业条例》和《中华人民共和国城镇集体所有制企业条例》，都是以集体所有制为基础来规范企业活动的；在1988年制定了《中华人民共和国私营企业暂行条例》，它是以私营企业为对象来进行规范的。这种根据所有制来立法规范企业的状况，直到1993年制定《公司法》时才被突破。《公司法》不是以所有制为基础，而是以企业的投资形式、责任形式为划分标准来规范企业的，这是按照企业的基本形式制定的第一部法律；1997年又制定了《合伙企业法》，这是按照企业基本形式制定的第二部法律。这样，在企业的三种基本形式中，唯有对个人独资企业尚未立法，因而制定个人独资企业法便成为完善企业立法的一种实际需要，是继续完成按企业基本形式健全立法的必然要求。

在许多国家中都存在着企业的三种基本形式，甚至可以说，这在世界上是一个较为普遍的现象。在美国萨缪尔森和诺德豪斯合著的《经济学》一书中写道：在20世纪80年代，美国存在着1600多万个企业单位。其中，大部分是非常微小的单位，它为一个人所有，即单人业主制；一些是合伙制，较大的企业趋于采用公司的形式。在德国的法律中，商人可以是个人企业，也可以是由多个主体联合组成的商事合伙或公司。

个人企业即单个自然人出资的独资企业，由《德国商法典》对其进行调整。在 1986 年，德国独资企业占其企业总数的 76%。日本的企业组织形式包括个人企业和法人企业两大类。个人企业又称为独资企业。日本有关中小企业的法律中所指的企业既包括法人企业，也包括独资企业。在《法国商法典》中，商人是以从事商事活动并以其作为经常性职业的人。商人又分为自然人商人和法人商人。一个自然人以个人的名义从事商事活动并以此作为其经常性职业，经过商事登记，就形成了一个独资企业。在许多国家，尽管用不同的表述方式来确立企业的三种基本形式，但是都表明了这三种基本形式确实在现实中存在着，并且在法律中得到了确认，有了一定的法律地位。

三、个人独资企业的概念与特征

依据《个人独资企业法》第二条的规定"本法所称个人独资企业，是指依照本法在中国境内设立，由一个自然人投资，财产为投资人个人所有，投资人以其个人财产对企业债务承担无限责任的经营实体。"个人独资企业是最古老、最简单的一种企业组织形式，主要盛行于零售业、手工业、农业、林业、渔业、服务业和家庭作坊等，它与公司、合伙企业、私营企业等其他企业形式相比，具有以下特征。

（1）从组织结构形式上看，它是由一个自然人投资设立的企业。该自然人应当具有完全民事行为能力，限制民事行为能力人和无民事行为能力人以及国家机关、国家授权投资机构或者授权部门、企业、事业单位等都不能作为个人独资企业的投资人。法律、行政法规禁止从事营利性活动的人也不能投资个人独资企业，包括法官、检察官、警官、税务官及国家公务人员等。

（2）从财产上看，个人独资企业的财产归投资人个人所有，投资人以其个人财产对企业债务承担无限责任。个人独资企业的所有权与经营管理权紧密结合，一个自然人股东既拥有企业的财产，也独自享有企业的日常事务。国家依法保护个人独资企业的财产和其他合法权益。

（3）从责任形态上看，该企业无法人资格，投资者个人以其个人财产对企业债务承担无限责任，投资人若以家庭共有财产作为个人对企业的出资并经登记的，其家庭共有财产对企业债务承担无限责任。

四、《个人独资企业法》的优势与局限性

1. 优势

（1）个人投资，设立容易。

（2）规模较小，灵活多样。

（3）个人经营，效率较高。

（4）吸纳劳动力，扩大就业。

（5）有利于扩大社会投资。

（6）有利于适应产品、服务创新的需要等。

2．局限性

（1）企业的进退受投资人个人知识与能力状况的影响很大。

（2）投资人个人承担的风险较大，并影响经营的规模。

（3）企业的存续时间与投资人的状况联系紧密，可能造成企业稳定性相对较差等。

五、个人独资企业与公司、合伙企业的区别

1．存在的法律依据不同

公司制企业依据《公司法》设立，受《公司法》调整；合伙制企业依据《合伙企业法》设立，受《合伙企业法》调整；个人独资企业依据《个人独资企业法》设立，受《个人独资企业法》调整。

2．组建方式不同

公司一般由两个以上投资人共同出资设立，投资人可以是自然人，也可以是法人。合伙企业由两个以上的合伙人共同出资设立，合伙人一般为自然人。个人独资企业由一个自然人投资设立。

3．投资人与公司或者企业的财产关系不同，责任形式不同

公司股东的个人财产与其投入公司的财产彻底分离，股东以其出资额为限，对公司承担责任，即负有限责任。合伙企业合伙人的财产与合伙企业的财产相对分离，当合伙企业财产不足以清偿合伙企业债务时，合伙人以其投入合伙企业的财产以外的其他财产对合伙企业债务负连带清偿责任，即负无限责任。个人独资企业投资人的个人财产与企业财产不分离，投资人以其个人财产对企业债务承担无限责任。

4．法律地位不同

公司是企业法人；合伙企业和个人独资企业是非法人。

5．内部事务管理结构不同

公司设股东会、董事会、监事会，依照法定职权和公司章程的约定管理公司事务。合伙企业的合伙人依照《合伙企业法》的规定和合伙协议的约定管理合伙企业事务。合伙人对执行合伙企业事务享有同等的权利，可以由全体合伙人执行合伙企业事务，也可以由合伙协议约定或者全体合伙人决定，委托一名或者数名合伙人执行合伙企业事务。不参加执行合伙企业事务的合伙人有权监督执行合伙企业事务的合伙人，检查他们执行合伙企业事务的情况。个人独资企业的出资人可以自行管理企业事务，也可以委托或者聘用其他有民事行为能力的人负责企业事务的管理。

　　除上述主要区别外，个人独资企业与公司和合伙企业相比，一般规模较小，设立条件较宽松，设立程序较简便，进入或者退出市场也较灵活。但是其公示性（主要指财务公开程度）不如公司和合伙企业，投资者的经营风险大于公司和合伙企业。投资者可以根据自己的投资取向，自愿选择适合自身发展需要的企业形式进行投资，进入市场，参与竞争。

六、个人独资企业与个体工商户

　　依据法律规定，个体工商户是在法律允许的范围内，依法经核准登记，从事工商业经营的自然人。个体工商户是我国在特定时期自然人参与生产经营活动的一种形式，也是个体经济的一种法律形式。

（一）个人独资企业与个体工商户的相同之处

　　（1）两者的投资人数相同。个人独资企业和个体工商户都是由一个自然人投资，投入的财产及由此产生的收益均归投资者个人所有，可依法转让或继承。

　　（2）两者承担责任的形式相同。个人独资企业以投资者的个人财产对企业债务承担无限责任，投资人在申请个人独资企业设立登记时，明确以其家庭共有财产作为个人出资的，应当依法以家庭共有财产对企业债务承担无限责任。个体工商户可以个人经营，也可以家庭经营。个人经营的，以个人全部财产承担民事责任；家庭经营的，以家庭全部财产承担民事责任。

　　（3）两者的资本金均无限制。个人独资企业和个体工商户均没有规定最低注册资本金，由投资人根据自己确定的经营范围与规模所具备的必要资本，向工商行政管理机关申报登记的资本数额，不需要经过验资程序。

　　（4）投资人的资格限制相同。凡法律、行政法规禁止从事营利性活动的人员，均不得作为投资人申请设立个人独资企业或申请登记从事个体经营。

（二）个人独资企业与个体工商户的区别

　　1. 两者成立的法律依据不同

　　个人独资企业是依据《个人独资企业法》成立和规范运行的，而个体工商户是依据《促进个体工商户发展条例》成立和规范运行的。

　　2. 两者成立的条件不同

　　（1）个人独资企业必须具有合法的企业名称，企业名称要与其责任形式及从事的营业相符合，不得使用"有限""有限责任""公司"字样。而个体工商户是否采用字号名称，完全由经营者自行决定，法律、法规无特别要求。

（2）个人独资企业必须具有固定的生产经营场所和必要的生产经营条件及从业人员。而个体工商户无此限制，如从事客货运输、贩运以及摆摊设点、流动服务的个体工商户无须固定的经营场所。

个人独资企业与个体工商户之间的区别如表 3-1 所示。

表 3-1　个人独资企业与个体工商户之间的区别

企业类型	出资人	承担责任的财产范围	适用法律	法律地位	经营场所及名称
个人独资企业	自然人	（1）一般情况下，仅以其个人财产对企业债务承担无限责任； （2）如企业设立登记时明确以家庭共有财产作为个人出资的，依法以家庭共有财产对企业债务承担无限责任	《个人独资企业法》	是一种企业组织形态，经营实体，无法人资格	必须要有固定的生产经营场所和合法的企业名称
个体工商户	自然人或由家庭共同出资设立	（1）债务属个人经营的，以个人财产承担； （2）债务属家庭经营的，以家庭财产承担	《民法典》《促进个体工商户发展条例》	不采用企业形式	可不起字号、名称，也可没有固定的生产经营场所，可进行流动经营

<h1 align="center">第二节　个人独资企业的设立</h1>

一、设立条件

根据《个人独资企业法》的规定，在中国境内设立个人独资企业，必须具备下列条件。

（1）投资人为一个自然人，且具有中华人民共和国国籍。自然人享有民事权利能力和民事行为能力，具备享有民事权利和承担民事义务的资格。自然人的民事权利能力从出生时开始，到死亡时终止。自然人的民事行为能力根据年龄和智力状况的不同，分为完全民事行为能力人、限制民事行为能力人和无民事行为能力人三种。完全民事行为能力人能够通过自己的行为进行独立的民事活动并独立承担全部民事法律责任。限制民事行为能力人可以进行与他的年龄、智力和精神健康状况相适应的民事活动，其他的民事活动由他的法定代理人代理或者征得他的法定代理人的同意。无民事行为能力人不具有以自己的行为取得民事权利和承担民事义务的资格，由他的法定代理人代理民事活动。投资作为一种经济活动，自然人既可以自己独立进行，也可以通过他的法定代理人或经过他的法定代理人同意后进行。在代理人代理投资时，必须以被代理人的名义进行。

（2）有合法的企业名称。个人独资企业名称是企业所享有的一种人格权，它必须依法确定，才能受法律保护。企业名称也是企业对外交往的标志，称作"商号"。对个人独资企业来说，有确定的企业名称十分必要。否则，对第三人而言，就很容易弄不清究竟是投资人个人的行为，还是个人独资企业的企业行为。企业名称必须符合法律、法规的要求。个人独资企业的名称应当与其责任形式及从事的营业相符合，名称中不得使用"有限""有限责任""公司"字样。

按我国有关企业名称登记管理的规定，企业名称在企业申请登记时，由企业名称的登记主管机关核定后，方可使用，并在规定的范围内享有专用权。企业登记主管机关对企业名称实行分级管理，有权纠正已登记注册的不适宜的企业名称。企业只准使用一个名称，并且在登记主管机关辖区内不得与已登记注册的同行业企业名称相同或者近似。企业名称应当由以下几个部分组成：字号或者商号、行业或者经营特点、组织形式。

（3）有投资人申报的出资。设立个人独资企业时，投资人既可以用货币出资，也可以用实物、土地使用权、知识产权或者其他财产权出资。

（4）有固定的生产经营场所和必要的生产经营条件。生产经营场所包括企业的住所和与生产经营相适应的处所，住所是企业的主要办事机构所在地，是企业的法定地址，也是法律文书的法定送达地。

（5）有必要的从业人员。

二、设立程序

（一）设立申请

申请设立个人独资企业，应当由投资人或者其委托的代理人向个人独资企业所在地的登记机关提交设立申请书、投资人身份证明、生产经营场所使用证明等文件。委托代理人申请设立登记时，应当出具投资人的委托书和代理人的合法证明。

（1）向登记机关提交的个人独资企业设立申请书，应当载明下列事项：企业的名称和住所、投资人的姓名和住所、投资人的出资额和出资方式、经营范围等。

（2）投资人身份证明。

（3）生产经营场所使用证明等文件。

（二）核准登记

登记机关应当在收到设立申请文件之日起十五日内，对符合《个人独资企业法》

规定条件的，予以登记，并签发营业执照；对不符合《个人独资企业法》规定条件的，不予登记，并应当给予书面答复，说明理由。个人独资企业的营业执照的签发日期，为个人独资企业成立日期。在领取个人独资企业营业执照前，投资人不得以个人独资企业名义从事经营活动。

个人独资企业存续期间登记事项发生变更的，应当在做出变更决定之日起的15日内依法向登记机关申请办理变更登记。

三、设立意义

《个人独资企业法》已于2000年1月1日起实施。《个人独资企业法》是一部将各种所有制投资者置于平等发展、平等竞争的重要法律，也是促进和鼓励人们创业的一个重要法律。

这部法律的意义首先在于从法律上确认了个人创业、个人投资的明确地位。用通俗的话说，人人都有条件当老板，而且当老板腰板更硬、更理直气壮。这部法律确定了个人独资企业作为一种法定的企业形式,结束了以往法律上的模糊和不准确的定位。过去虽然对个体、私营经济有一些法律、法规，但这些法律、法规有明显的过渡性质。例如，有一个"七下八上"标准。即个体户最多雇七个人，而进入"八"，"性质"就不同了，就成了私营企业。现在,《个人独资企业法》消除了人为设定雇工数量"划线"的障碍,完成了从以所有制为标准到以融资本源和企业构成形式为标准的历史性转变。这样，创业者就不必再担心雇人是多是少，"帽子"是红是白，可以视企业发展的需要做出自己的选择。另外，《个人独资企业法》保障了私人投资者取得融资、土地使用权等重要资本要素的同等权利，不再"低人一等"。对个人独资企业者的合法权益给予了更大、更明确的保障，投资者更理直气壮地发展壮大，而且在权益受到威胁时，更能依照法律去寻求坚实的"保护伞"。个人独资企业设立登记应提交文件材料目录如表3-2所示；个人独资企业设立登记申请表如表3-3所示；投资人信息表如表3-4所示。

表3-2　个人独资企业设立登记应提交文件材料目录

序号	文件材料名称	备注
1	投资人签署的《个人独资企业设立登记申请书》	
2	投资人履历表	
3	企业住所证明	
4	申请人的身份证明或资格证明	

续表

序号	文件材料名称	备注
5	法律、行政法规规定须报经有关部门审批的业务的批准文件	
6	国家工商行政管理局要求提交的其他文件	
受理人及受理日期	年　月　日（星期　）　　　　受理通知	（　　）登记受理 [　　]第　号
申请人	年　月　日（星期　）　　　　书文号	

注：（1）登记机关收到申请人提交的文件材料后进行查验，并在"备注"栏中填写材料份数。

（2）企业住所证明：投资人自有的住所，应当提交房管部门出具的产权证明；租用他人的场所，应当提交租赁协议。企业住所不是其生产经营场所的，投资人除提交企业住所证明外，还应当提交生产经营场所的证明。投资人自有的经营场所，应当提交房管部门出具的产权证明；租用他人的场所，应当提交租赁协议。

（3）申请人是指向登记机关提出设立个人独资企业分支机构申请的人。申请人是投资人的，应提交其身份证明；申请人的投资人委托代理人的，应提交投资人的委托书和代理人的身份证明或资格证明。

表3-3　个人独资企业设立登记申请表

企业名称		
企业住所	邮政编码	
投资人姓名	联系电话	
投资人住所	投资人联系电话	
经营范围及方式		
出资额		
出资方式	□个人出资 □以家庭共有财产出资	
从业人员数		
有关部门意见		
谨此确认，本申请表所填内容真实无误。　　　　　　　投资人签名：　年　月　日		

表3-4　投资人信息表

姓名		性别		出生日期		
身份证号码		学历		政治面貌		一寸免冠照片粘贴处
居所				联系电话		
现住所				邮政编码		

工作简历	工作单位	起止时间	职务

（投资人身份证复印件粘贴处）

谨此确认，本申请表所填内容真实无误。
投资人签名： 年 月 日

注：（1）"居所"填写投资人身份证上的地址。

（2）"现住所"填写投资人现在的住所，由投资人申报。

四、分支机构的设立

1．设立申请

个人独资企业设立分支机构时，应当由投资人或者其委托的代理人向分支机构所在地的登记机关申请登记，领取营业执照。个人独资企业分支机构设立登记应提交的文件材料目录如下。

（1）投资人签署的《个人独资企业分支机构设立登记申请书》。

（2）经营场所证明。

（3）投资人委派分支机构负责人的委托书。

（4）分支机构负责人的身份证明。

（5）个人独资企业营业执照复印件。

（6）国务院工商行政管理部门规定提交的其他文件。法律、行政法规规定须报经有关部门审批的业务的有关批准文件。

2．核准登记

分支机构经核准登记后，应将登记情况报该分支机构隶属的个人独资企业的登记机关备案。

3．责任承担

分支机构的民事责任由设立该分支机构的个人独资企业承担。

第三节 个人独资企业的运行与终止

一、个人独资企业的事务管理

（一）事务管理方式

个人独资企业投资人可以自行管理企业事务，也可以委托或者聘用其他具有民事行为能力的人负责企业的事务管理。

（1）自行管理，即由投资者本人对个人独资企业的经营事务直接进行管理。

（2）委托管理，即由投资者委托其他具有民事行为能力的人负责对个人独资企业的经营事务进行管理。

（3）聘任管理，即由投资者聘用其他具有民事行为能力的人负责对个人独资企业的经营事务进行管理。

（二）受托人或被聘用人的义务

投资人委托或者聘用他人管理个人独资企业事务，应当与受托人或者被聘用人签订书面合同，明确委托的具体内容和授予的权利范围。受托人或者被聘用人应当履行诚信、勤勉义务，按照与投资人签订的合同负责个人独资企业的事务管理。

投资人委托或者聘用的管理个人独资企业事务的人员不得有下列行为。

（1）利用职务上的便利，索取或者收受贿赂。

（2）利用职务或者工作上的便利侵占企业财产。

（3）挪用企业的资金归个人使用或者借贷给他人。

（4）擅自将企业资金以个人名义或者以他人名义开立账户储存。

（5）擅自以企业财产提供担保。

（6）未经投资人同意，从事与本企业相竞争的业务。

（7）未经投资人同意，同本企业订立合同或者进行交易。

（8）未经投资人同意，擅自将企业商标或者其他知识产权转让给他人使用。

（9）泄露本企业的商业秘密。

（10）法律、行政法规禁止的其他行为。

投资人对受托人或者被聘用人职权的限制，不得对抗善意第三人。

二、个人独资企业的变更登记

（1）个人独资企业存续期间登记事项发生变更的，应当在做出变更决定之日起的十五日内依法向登记机关申请办理变更登记。

（2）个人独资企业申请变更登记时，应当向登记机关提交下列文件：投资人签署的变更登记申请书；国家工商行政管理局规定提交的其他文件。

（3）从事法律、行政法规规定须报经有关部门审批业务的，应当提交有关部门的批准文件。

三、个人独资企业的解散与清算

（一）个人独资企业的解散

企业解散是相对于企业成立而言的。企业解散，表明其作为经济实体的资格消灭。造成企业解散的原因是多方面的，概括起来，可以分为强制解散和自行解散。强制解散是指企业违反了法律、法规的规定而依法必须解散。自行解散是指企业自己决定解散或者因强制解散以外的原因而导致企业解散的情形。例如，我国《公司法》规定公司自行解散的情形是：公司章程规定的经营期限届满或者公司章程规定的其他解散事由出现时；股东会决议解散；因公司合并或者分立需要解散。

个人独资企业有下列情形之一时，应当解散：投资人决定解散；投资人死亡或者被宣告死亡，无继承人或者继承人决定放弃继承；被依法吊销营业执照；法律、行政法规规定的其他情形。

个人独资企业投资人决定解散是由个人独资企业的特点决定的，因为根据《个人独资企业法》的规定，个人独资企业是由一个自然人投资，财产为投资者个人所有。由于只有一个投资人，因此投资人个人可以自己决定解散企业问题。

投资人被宣告死亡是指在法律上推定其死亡，从而发生与生理死亡相同的法律后果。根据《民法典》的规定，投资人被宣告死亡应当符合下列条件。

（1）投资人下落不明满4年，或者因意外事故下落不明，自事故发生之日起满2年，或者因意外事故下落不明，经有关机关证明该投资人已不可能生存。

（2）要经投资人的利害关系人申请。利害关系人的顺序：一是配偶；二是父母和子女；三是姐妹、祖父母、外祖父母、孙子女、外孙子女；四是其他与投资人具有民事权利义务关系的人。根据《中华人民共和国民事诉讼法》（简称《民事诉讼法》）的规定，人民法院受理宣告投资人死亡的申请后，应当发出寻找下落不明投资人的公告，公告期为1年。因意外事故下落不明的，经有关机关证明该投资人不可能生存的，公告期为 3 个月。公告期满后仍不能确定其下落的，应当做出死亡宣告。被宣告死亡的投资人，判决宣告之日为其死亡的日期，发生死亡的法律后果。投资人死亡或者被宣告死亡，即发生继承的问题。继承人有权接受继承，也有权放弃继承。接受继承是指继承人同意接受遗产的意思表示，包括明示和默示。放弃继承是指在遗产分割前继承人明确表示放弃继承的意思表示。对于个人独资企业的投资人来讲，其死亡或者被宣告死亡后，如果投资人有继承人，并且继承人接受继承，那么个人独资企业作为遗产，按我国《民法典》的规定由投资人的继承人继承。如果投资人没有继承人，或者虽然有继承人，但是继承人明确表示放弃继承，则个人独资企业因无人继承而导致没有新的投资人，所以本条规定个人独资企业出现这种情形就应当解散。

对于强制解散规定了以下两种情形。

（1）被依法吊销营业执照。《个人独资企业法》规定，个人独资企业的营业执照的签发日期为个人独资企业的成立日期。在领取个人独资企业营业执照前，投资人不得以个人独资企业的名义从事经营活动。所以，个人独资企业的营业执照是个人独资企业依法成立和从事生产经营的标志。个人独资企业被依法吊销营业执照，当然就不能再从事生产经营活动。因此，该个人独资企业应当解散。依照《个人独资企业法》的规定，个人独资企业成立后无正当理由超过 6 个月未开业的，或者开业后自行停业连续 6 个月以上的，吊销营业执照。在这种情形下，个人独资企业就应当依照本条的规定解散。

（2）法律、行政法规规定的其他情形。这主要是为了避免列举不全，如果有关法律、行政法规规定了个人独资企业解散的情形，一旦这种情形出现，个人独资企业就应当解散。

（二）个人独资企业的清算

清算是企业解散的法律后果，是对解散企业的财产进行清理，收回债权，偿还债务，如果有剩余财产，则依法进行分配。清算结束后，企业作为经济实体的资格就消灭了。企业解散，无论是自行解散，还是强制解散，都必须依法进行清算。

投资人自行清算的，应当在清算前 15 日内书面通知债权人，无法通知的，应当予以公告。债权人应当在接到通知之日起 30 日内，未接到通知的应当在公告之日起 60 日内，向投资人申报其债权。

个人独资企业解散后，原投资人对个人独资企业存续期间的债务仍应承担偿还责任，但债权人在 5 年内未向债务人提出偿债请求的，该责任消灭。

个人独资企业解散后，其财产应当按照图 3-1 所示顺序清偿。

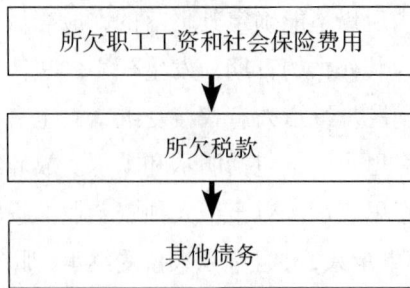

图 3-1　个人独资企业清算清偿顺序

在清算期间，个人独资企业不得开展与清算目的无关的经营活动；在清偿债务前，投资人不得转移、隐匿财产。个人独资企业财产不足以清偿债务的，投资人应当以其个人的其他财产予以清偿。在个人独资企业清算结束后，投资人或者人民法院指定的清算人应当编制清算报告，并于 15 日内到登记机关办理注销登记。

四、法律责任

（一）个人独资企业及投资人违法行为应承担的法律责任

1. 提交虚假文件或采取其他欺骗手段骗取登记的法律责任

违反《个人独资企业法》规定，提交虚假文件或采取其他欺骗手段取得企业登记的，责令改正，处以 5000 元以下罚款；情节严重的，吊销营业执照。

2. 使用与登记名称不相符合的企业名称的法律责任

违反《个人独资企业法》规定，个人独资企业使用的名称与其在登记机关登记的名称不相符合的，责令限期改正，处以 2000 元以下罚款。

3. 不依法使用营业执照的法律责任

违反《个人独资企业法》规定，涂改、出租、转让营业执照的，责令改正，没收违法所得，处以 3000 元以下罚款；情节严重的，吊销营业执照。伪造营业执照的，责令停业，没收违法所得，处以 5000 元以下罚款。构成犯罪的，依法追究刑事责任。

4. 无正当理由不开业或者停业的法律责任

个人独资企业成立后无正当理由超过 6 个月未开业的，或者开业后自行停业连续 6 个月以上的，吊销营业执照。

5. 未经核准以个人独资企业名义从事经营活动的法律责任

违反《个人独资企业法》规定，未领取营业执照的，以个人独资企业名义从事经营活动的，责令停止经营活动，处以 3000 元以下的罚款。个人独资企业登记事项发生变更时，未按本法规定办理有关变更登记的，责令限期办理变更登记；逾期不办理的，处以 2000 元以下罚款。

6. 侵犯职工合法权益，未保障职工劳动安全的法律责任

违反《个人独资企业法》规定，侵犯职工合法权益，未保障职工劳动安全，不缴纳保险费用的，按照有关法律、行政法规予以处罚，并追究有关人员的责任。

7. 隐匿或转移财产、逃避债务的法律责任

在清算前或清算期间隐匿或转移财产、逃避债务的，依法追回其财产，并按照有关规定予以处罚，构成犯罪的，依法追究刑事责任。

8. 财产不足以支付有关责任款项时的法律责任

违反《个人独资企业法》规定，应当承担民事赔偿责任和缴纳罚款、罚金，其财产不足以支付的，或者被判处没收财产的，应当先承担民事赔偿责任。

（二）管理人员对投资人造成损害或侵犯投资人权益的法律责任

（1）投资人委托或者聘用的人员管理个人独资企业事务时违反双方签订的合同，给投资人造成损害的，承担民事赔偿责任。

（2）投资人委托或者聘用的人员违反《个人独资企业法》第二十条规定，侵犯个人独资企业财产权益的，责令退还侵占的财产；给企业造成损失的，依法承担赔偿责任；有违法所得的，没收违法所得；构成犯罪的，依法追究刑事责任。

（三）企业登记机关及其上级部门有关人员的法律责任

（1）登记机关对不符合《个人独资企业法》规定条件的个人独资企业予以登记，或者对符合本法规定条件的企业不予登记的，对直接责任人员依法给予行政处分；构成犯罪的，依法追究刑事责任。

（2）登记机关的上级部门的有关主管人员强令登记机关对不符合《个人独资企业法》规定条件的企业予以登记，或者对符合《个人独资企业法》规定条件的企业不予登记的，或者对登记机关的违法登记行为进行包庇的，对直接责任人员依法给予行政处分；构成犯罪的，依法追究刑事责任。登记机关对符合法定条件的申请不予登记或者超过法定时限不予答复的，当事人可依法申请行政复议或提起行政诉讼。违反法律、行政法规的规定强制个人独资企业提供财力、物力、人力的，按照有关法律、行政法规予以处罚，并追究有关责任人员的责任。

第四章　合伙企业法律实务

第一节　合伙企业法律概述

合伙是一种从罗马时代就产生的企业形式，可以说，它是经久不衰和广受欢迎的企业模式。合伙企业是典型的契约型的企业，它伴随着商品经济的发展而迅速发展起来，成为现代企业的一种重要形式。在西方国家，自中世纪以后即形成了合伙企业的法律制度，如英国在17世纪开始出现合伙企业权利义务的商法原则，经过多年发展，在18世纪中叶形成了较为系统的合伙企业商法体系。美国继承并发展了这一制度，并在各州与联邦的层面分别颁布了众多的合伙企业相关法律，设立了如有限合伙企业、有限责任合伙企业等各类合伙企业。在我国，自1997年颁布施行了《合伙企业法》（2006年进行了修订），规范了合伙企业的行为，对合伙企业及其合伙人、债权人的合法权益提供了完备的法律保障体系。

一、合伙企业的概念与特征

合伙企业是指两个以上的合伙人为了共同的目的，自愿约定共同出资、共同经营、共享收益、共担风险的一种经济组织。

《合伙企业法》第二条规定，合伙企业是指自然人、法人和其他组织依照本法在中国境内设立的普通合伙企业和有限合伙企业。普通合伙企业由普通合伙人组成，合伙人对合伙企业债务承担无限连带责任。本法对普通合伙人承担责任的形式有特别规定的，从其规定。有限合伙企业由普通合伙人和有限合伙人组成，普通合伙人对合伙企业债务承担无限连带责任，有限合伙人则以其认缴的出资额为限对合伙企业债务承担责任。合伙企业具有以下特征。

1. 合伙人符合法定人数

普通合伙企业的合伙人必须是2人以上；有限合伙企业的合伙人人数是2人以上50人以下，且至少有1个普通合伙人。合伙人为自然人的应当具有完全民事行为能力。

限制民事行为能力人和无民事行为能力人以及国家机关、国家授权投资机构或者授权部门、企事业单位等都不能作为投资人，国家机关不能经商办企业。普通合伙人对合伙企业债务承担无限连带责任。有限合伙人对企业债务承担有限责任。

2．合伙协议是合伙企业成立的法律基础与法律保障

合伙协议是各合伙人为了达成共同的目的，实现经济利益而共同达成的协议，是规范合伙人相互权利义务、处理合伙纠纷的基本法律依据，对全体合伙人和合伙企业均具有约束力，是合伙企业得以成立的法律基础。合伙人按照合伙协议享有权利，履行义务。修改或者补充合伙协议，应当经全体合伙人一致同意，但是合伙协议另有约定的除外。合伙协议未约定或者约定不明确的事项，由合伙人协商决定；协商不成的，依照《合伙企业法》和其他有关法律、行政法规的规定处理。

3．合伙人共负盈亏，共担风险，对外承担无限连带责任

合伙人对企业共同出资，既可以按其对合伙企业的出资比例分享合伙盈利，也可以按合伙人约定的其他办法来分配合伙盈利。当合伙企业财产不足以清偿合伙债务时，合伙人需要以其他个人财产来清偿债务，即承担无限责任，而且任何一个合伙人都有义务清偿全部合伙债务，即承担连带责任。

二、合伙企业的类型

1．普通合伙企业

普通合伙企业由普通合伙人组成。所谓普通合伙人，是指在合伙企业中对合伙企业的债务依法承担无限连带责任的自然人、法人和其他组织。合伙人对合伙企业债务承担无限连带责任。《合伙企业法》规定：在普通合伙企业中，以专业知识和专门技能为客户提供有偿服务的专业服务机构，可以设立为特殊的普通合伙企业，如律师事务所、会计师事务所等服务机构。特殊的普通合伙企业名称中应当标明"特殊普通合伙"字样。特殊普通合伙企业的合伙人在因故意或者重大过失而造成合伙企业债务时，首先以合伙企业的财产承担对外清偿责任，不足时则由有过错的合伙人承担无限责任或者无限连带责任，而没有过错的合伙人不再承担责任。当以合伙企业的财产承担对外责任后，有过错的合伙人应当按照合伙协议的约定对给合伙企业造成的损失承担赔偿责任。同时，特殊的普通合伙企业应当建立执业风险基金，办理职业保险。

2．有限合伙企业

有限合伙企业由普通合伙人和有限合伙人组成。其中，普通合伙人对合伙企业债务承担无限连带责任，有限合伙人以其认缴的出资额为限对合伙企业债务承担责任。有限合伙企业由2个以上50个以下合伙人设立，至少应当有1个普通合伙人，普通合伙人负责合伙企业的事务。有限合伙人不执行合伙事务，不得对外代表有限合伙企业。

3. 普通合伙人与有限合伙人的主要区别。

普通合伙人与有限合伙人的主要区别在于以下几个方面。

（1）普通合伙人不得自营或与其他人合营与本企业具有竞争关系的业务，而有限合伙人无此方面的限制。

（2）普通合伙人不得同本合伙企业进行交易，而有限合伙人可以同本合伙企业进行交易。

（3）普通合伙人如将其在合伙企业中的财产份额进行出质，则必须经其他全部合伙人一致认可，否则视为无效；有限合伙人则可以出质其在有限合伙企业中的财产份额。

（4）在普通合伙企业的协议中，不可以具有将全部利润分配给部分合伙人的条款；在有限合伙企业的合伙协议中，则允许出现将全部利润分配给某部分合伙人的条款。

第二节　普通合伙企业

一、合伙企业的设立

（一）设立条件

1. 有 2 个以上合伙人

合伙人为自然人的，应当具有完全民事行为能力；国有独资公司、国有企业、上市公司以及公益性的事业单位、社会团体不得成为普通合伙人。

2. 有书面合伙协议

合伙协议依法由全体合伙人协商一致、以书面形式订立。合伙协议应载明下列事项：合伙企业的名称和主要经营场所的地点；合伙目的和合伙经营范围；合伙人的姓名或者名称、住所；合伙人的出资方式、数额和缴付期限；利润分配、亏损分担方式；合伙事务的执行；入伙与退伙；争议解决办法；合伙企业的解散与清算；违约责任等重大事项。合伙协议经全体合伙人签名、盖章后生效。合伙企业的利润分配、亏损分担，按照合伙协议的约定办理；合伙协议未约定或者约定不明确的，由合伙人协商决定；协商不成的，由合伙人按照实缴出资比例分配、分担；无法确定出资比例的，由合伙人平均分配、分担。合伙协议不得约定将全部利润分配给部分合伙人或者由部分合伙人承担全部亏损。

3. 有合伙人认缴或者实际缴付的出资

合伙人既可以用货币、实物、知识产权、土地使用权或者其他财产权利出资，也可以用劳务出资。合伙人以实物、知识产权、土地使用权或者其他财产权利出资，需要评估作价的，可以由全体合伙人协商确定，也可以由全体合伙人委托法定评估机构评估。合伙人以劳务出资的，其评估办法由全体合伙人协商确定，并在合伙协议中载明。合伙人应当按照合伙协议约定的出资方式、数额和缴付期限履行出资义务。以非货币财产出资的，依照法律、行政法规的规定，需要办理财产权转移手续的，应当依法办理。

4. 有合伙企业的名称和生产经营场所

合伙企业的名称是合伙企业对外从事商事活动的标志，企业名称中不得有"公司"或者"有限责任"等字样。特殊的普通合伙企业名称中应当标明"特殊普通合伙"字样。生产经营场所是合伙企业进行生产经营活动的所在地。

5. 法律、行政法规规定的其他条件

符合法律、行政法规规定的其他条件。

（二）设立程序

1. 申请

申请设立合伙企业，应当向企业登记机关提交登记申请书、合伙协议书、合伙人身份证明等文件。合伙企业的经营范围中有属于法律、行政法规规定在登记前须经批准的项目的，该项经营业务应当依法经过批准，并在登记时提交批准文件。

2. 登记

申请人提交的登记申请材料齐全、符合法定形式，企业登记机关能够当场登记的，应予当场登记，发给营业执照。除前款规定情形外，企业登记机关应当自受理申请之日起 20 日内，做出是否登记的决定。予以登记的，发给营业执照；不予登记的，应当给予书面答复，并说明理由。

合伙企业的营业执照签发日期为合伙企业成立日期。合伙企业领取营业执照前，合伙人不得以合伙企业名义从事合伙业务。合伙企业设立分支机构，应当向分支机构所在地的企业登记机关申请登记，领取营业执照。合伙企业申请登记表如表 4-1 所示。全体合伙人出资名录及出资登记表如表 4-2 所示。全体合伙人出资资格证明或自然人身份证明身份文件如表 4-3 所示。

表 4-1 合伙企业申请登记表

企业名称			
企业备用名称 1			
企业备用名称 2			
主要经营场所		邮政编码	
		联系电话	
职务执行人或委托代表			
经营范围			

合伙企业类型		
合伙期限		
合伙人数	有限合伙人数	
从业人数		
认缴出资金额	实缴出资金额	

全体合伙人签字：   申请日期：

表 4-2   全体合伙人出资名录及出资登记表

合伙人名称或姓名	住所	证件名称及号码	出资方式	实缴纳出资额	认缴出资额	缴费出资	评估方式	责任承担方式

全体合伙人签字：   申请日期：

表 4-3   全体合伙人出资资格证明或自然人身份证明身份文件

全体合伙人出资资格证明或自然人身份证明身份文件复印件粘贴处

二、合伙企业的财产

（一）财产的范围

合伙企业的财产包括合伙人的出资、以合伙企业名义取得的收益和依法取得的其他财产，由此合伙企业的财产可分为原始财产和积累财产两部分，这些财产均属于合伙人的共有财产。因此，合伙人在合伙企业清算前，不得请求分割合伙企业的财产，但《合伙企业法》另有规定的除外；合伙人在合伙企业清算前私自转移或者处分合伙企业财产的，合伙企业不得以此对抗善意第三人。

（二）财产的管理与使用

合伙人向合伙人以外的人转让其在合伙企业中的全部或者部分财产份额时，除合伙协议另有约定外，须经其他合伙人一致同意。合伙人之间转让在合伙企业中的全部或者部分财产份额时，应当通知其他合伙人。合伙人向合伙人以外的人转让其在合伙企业中的财产份额的，在同等条件下，其他合伙人有优先购买权，合伙协议另有约定的除外。合伙人以外的人依法受让合伙人在合伙企业中的财产份额的，经修改合伙协议即成为合伙企业的合伙人，享有权利，履行义务。

合伙人以其在合伙企业中的财产份额出质的，须经其他合伙人一致同意；若未经其他合伙人一致同意，则其行为无效，且由此给善意第三人造成损失的，由行为人依法承担赔偿责任。

三、合伙企业的事务执行

（一）内部决策权

合伙人对合伙企业有关事项做出决议，按照合伙协议约定的表决办法办理。合伙协议未约定或者约定不明确的，实行合伙人一人一票并经全体合伙人过半数通过的表决办法。除合伙协议另有约定外，合伙企业的下列事项应当经全体合伙人一致同意。

（1）改变合伙企业的名称。

（2）改变合伙企业的经营范围、主要经营场所的地点。

（3）处分合伙企业的不动产。

（4）转让或者处分合伙企业的知识产权和其他财产权利。

（5）以合伙企业名义为他人提供担保。

（6）聘任合伙人以外的人来担任合伙企业的经营管理人员。

（二）事务执行权

（1）共同执行：合伙人对执行合伙事务享有同等的权利，合伙企业事务可以由全体合伙人共同执行。

（2）委托执行：按照合伙协议的约定或者经全体合伙人决定，可以委托一个或者数个合伙人对外代表合伙企业，执行合伙事务；作为合伙人的法人、其他组织执行合伙事务的，由其委派的代表执行；受委托执行合伙事务的合伙人不按照合伙协议或者全体合伙人的决定执行事务的，其他合伙人可以决定撤销该委托。

（3）分别执行：合伙人分别执行合伙事务的，执行事务合伙人可以对其他合伙人执行的事务提出异议，提出异议时，应当暂停该项事务的执行。合伙人对合伙企业有关事项做出决议，按照合伙协议约定的表决办法办理。合伙协议未约定或者约定不明确的，实行合伙人一人一票并经全体合伙人过半数通过的表决办法。

（三）监督权

不执行合伙事务的合伙人有权监督执行事务的合伙人执行合伙事务的情况。合伙人为了解合伙企业的经营状况和财务状况，有权查阅合伙企业会计账簿等财务资料。

（四）忠实义务

合伙人不得自营或者同他人合作经营与本合伙企业相竞争的业务。除合伙协议另有约定或者经全体合伙人一致同意外，合伙人不得同本合伙企业进行交易。合伙人不得从事损害本合伙企业利益的活动。

四、合伙企业与第三人的关系

合伙企业对合伙人执行合伙事务并对外代表合伙企业权利的限制，不得对抗善意第三人。善意第三人是指特定法律关系当事人以外的任何对有关的无权交易因不知情而进行交易的当事人。当不知情的第三人与违反合伙企业权利限制的事务执行人进行交易时，合伙企业不得以该合伙企业事务执行人越权或无权为由而拒绝承担责任。

合伙人发生与合伙企业无关的债务，相关债权人不得以其债权抵销其对合伙企业的债务，也不得代位行使合伙人在合伙企业中的权利。

合伙企业对其债务应先以其全部财产进行清偿。合伙企业不能清偿到期债务的，合伙人承担无限连带责任。合伙人清偿数额超过规定的其亏损分担比例的，有权向其他合伙人追偿。合伙人的自有财产不足清偿其与合伙企业无关的债务的，该合伙人可以以其从合伙企业中分取的收益用于清偿；债权人也可以依法请求人民法院强制执行该合伙人在合伙企业中的财产份额用于清偿。

人民法院强制执行合伙人的财产份额时，应当通知全体合伙人，其他合伙人有优先购买权；其他合伙人未购买，又不同意将该财产份额转让给他人的，依照规定为该合伙人办理退伙结算，或者办理削减该合伙人相应财产份额的结算。

五、入伙与退伙

（一）入伙

入伙是指在合伙企业存续期间，合伙人以外的第三人加入该合伙企业，取得合伙人资格的行为。新合伙人入伙，除合伙协议另有约定外，应当经全体合伙人一致同意，并依法订立书面入伙协议。订立入伙协议时，原合伙人应当向新合伙人如实告知原合伙企业的经营状况和财务状况。入伙的新合伙人与原合伙人享有同等权利，承担同等责任。入伙协议另有约定的，从其约定。新合伙人对入伙前合伙企业的债务承担无限连带责任。

（二）退伙

1. 退伙的情形

（1）自愿退伙

自愿退伙是指基于合伙人自愿的意思表示而丧失合伙人资格。合伙协议约定合伙期限的，在合伙企业存续期间有下列情形之一的，合伙人可以退伙。

1）合伙协议约定的退伙事由出现。

2）经全体合伙人一致同意。

3）发生合伙人难以继续参加合伙的事由。

4）其他合伙人严重违反合伙协议约定的义务。

合伙协议未约定合伙期限的，合伙人在不给合伙企业事务执行造成不利影响的情况下，可以退伙，但应当提前三十日通知其他合伙人。合伙人违反规定擅自退伙的，应当赔偿由此给合伙企业造成的损失。

（2）法定退伙

法定退伙是指根据法律规定而丧失合伙人资格。法定退伙分为当然退伙和除名退伙。

依据法律规定，合伙人有下列情形之一的，为当然退伙。

1）作为合伙人的自然人死亡或者被依法宣告死亡。

2）个人丧失偿债能力。

3）作为合伙人的法人或者其他组织依法被吊销营业执照、责令关闭、撤销，或者被宣告破产。

4）法律规定或者合伙协议约定合伙人必须具有相关资格而丧失该资格。

5）合伙人在合伙企业中的全部财产份额被人民法院强制执行。

合伙人被依法认定为无民事行为能力人或者限制民事行为能力人的，经其他合伙人一致同意，可以依法转为有限合伙人，普通合伙企业依法转为有限合伙企业；其他合伙人未能一致同意的，该无民事行为能力或者限制民事行为能力的合伙人退伙。

合伙人有下列情形之一的，经其他合伙人一致同意，可以决议将其除名（即除名退伙）。

1）未履行出资义务。

2）因故意或者重大过失给合伙企业造成损失。

3）执行合伙事务时有不正当行为。

4）发生合伙协议约定的事由。

对合伙人的除名决议应当书面通知被除名人。被除名人接到除名通知之日，除名生效，被除名人退伙。

被除名人对除名决议有异议的，可以自接到除名通知之日起 30 日内向人民法院起诉。

2．退伙的法律效力

（1）退伙人对基于其退伙前的原因发生的合伙企业债务，承担无限连带责任。

（2）合伙人退伙，其他合伙人应当与该退伙人按照退伙时的合伙企业财产状况进行结算，退还退伙人的财产份额。退伙人对给合伙企业造成的损失负有赔偿责任的，相应扣减其应当赔偿的数额。退伙时有未了结的合伙企业事务的，待该事务了结后进行结算。

（3）退伙人在合伙企业中财产份额的退还办法，由合伙协议约定或者由全体合伙人决定，既可以退还货币，也可以退还实物。

第三节　有限合伙企业

一、有限合伙企业的概念

有限合伙企业是由普通合伙人和有限合伙人共同组成的，有限合伙人对合伙企业的债务以其出资额为限承担有限责任，普通合伙人对合伙企业的债务承担无限连带责任的经济组织。

二、有限合伙企业的限制性规定

1．有限合伙企业的合伙人资格

有限合伙企业由 2 个以上 50 个以下合伙人设立，法律另有规定的除外。有限合伙企业至少应当有 1 个普通合伙人。有限合伙企业名称中应当标明"有限合伙"字样。

2．出资方式与期限限制

有限合伙人可以用货币、实物、知识产权、土地使用权或者其他财产权利作价出资。有限合伙人不得以劳务出资。有限合伙人应当按照合伙协议的约定按期足额缴纳出资；未按期足额缴纳的，应当承担补缴义务，并对其他合伙人承担违约责任。

3．合伙协议应该载明的内容

合伙协议除合伙协议规定应该载明的内容外，还应当载明下列事项。

（1）普通合伙人和有限合伙人的姓名或者名称、住所。

（2）执行事务合伙人应具备的条件和选择程序。

（3）执行事务合伙人的权限与违约处理办法。

（4）执行事务合伙人的除名条件和更换程序。

（5）有限合伙人入伙、退伙的条件、程序以及相关责任。

（6）有限合伙人和普通合伙人相互转变程序。

4. 合伙企业的事务执行

有限合伙企业由普通合伙人执行合伙事务。有限合伙人不执行合伙事务，不得对外代表有限合伙企业。有限合伙人的下列行为，不视为执行合伙事务。

（1）参与决定普通合伙人入伙、退伙。

（2）对企业的经营管理提出建议。

（3）参与选择承办有限合伙企业审计业务的会计师事务所。

（4）获取经审计的有限合伙企业财务会计报告。

（5）对涉及自身利益的情况，查阅有限合伙企业财务会计账簿等财务资料。

（6）在有限合伙企业中的利益受到侵害时，向有责任的合伙人主张权利或者提起诉讼。

（7）执行事务合伙人怠于行使权利时，督促其行使权利或者为了本企业的利益以自己的名义提起诉讼。

（8）依法为本企业提供担保。

有限合伙企业不得将全部利润分配给部分合伙人，但是，合伙协议另有约定的除外。

5. 有限合伙人没有竞业禁止、交易禁止、出质禁止和转让禁止的限制

（1）有限合伙人可以同本有限合伙企业进行交易，但是，合伙协议另有约定的除外。

（2）有限合伙人可以自营或者同他人合作经营与本有限合伙企业相竞争的业务，但是，合伙协议另有约定的除外。

（3）有限合伙人可以将其在有限合伙企业中的财产份额出质，但是，合伙协议另有约定的除外。

（4）有限合伙人可以按照合伙协议的约定向合伙人以外的人转让其在有限合伙企业中的财产份额，但应当提前三十日通知其他合伙人。

有限合伙人的自有财产不足以清偿其与合伙企业无关的债务的，该合伙人可以将其从有限合伙企业中分取的收益用于清偿；债权人也可以依法请求人民法院强制执行该合伙人在有限合伙企业中的财产份额用于清偿。人民法院强制执行有限合伙人的财产份额时，应当通知全体合伙人。在同等条件下，其他合伙人有优先购买权。

第四节　合伙企业的解散与清算

一、合伙企业的解散

合伙企业的解散是指因某些法律事实的发生而使合伙企业归于消灭的行为。依据法律规定，合伙企业解散的事由如下。

（1）合伙协议约定的经营期限届满，合伙人决定不再经营的。合伙企业的协议约定有经营期限，当期限届满时，若合伙人不愿意继续经营，则合伙终止。这意味着合伙协议约定的经营期限届满并不必然引起合伙企业的解散，只有在与合伙人不愿继续经营的条件同时具备时，才会引起合伙企业解散的后果。

（2）合伙协议约定的解散事由出现。合伙协议中若约定当某一事由出现时合伙企业便解散，则设立合伙企业的行为实为附解除条件的法律行为，条件成就时协议解除，合伙企业解散。

（3）全体合伙人决定解散。合伙企业可由合伙人基于合意而设和解散。无论合伙协议是否约定有合伙经营期限，合伙人均可通过合意而终止合伙协议解散合伙企业。

（4）合伙人已不具备法定人数满30天。合伙企业的合伙人必须是二人以上，若合伙企业成立后不断发生退伙而只剩下1人时，便出现了合伙人不足法定人数的现象。当这种情形持续满30天时，合伙企业应当解散。

（5）合伙协议约定的合伙目的已经实现或者无法实现。

（6）被依法吊销营业执照、责令关闭或者被撤销。

（7）有限合伙企业仅剩有限合伙人的。

（8）出现法律、行政法规规定的合伙企业解散的其他原因。

二、合伙企业的清算

（一）清算人确定

合伙企业解散，应当由清算人进行清算。清算人由全体合伙人担任；经全体合伙人过半数同意，可以自合伙企业解散事由出现后15日内指定一个或者数个合伙人，或者委托第三人担任清算人。自合伙企业解散事由出现之日起15日内未确定清算人的，合伙人或者其他利害关系人可以申请人民法院指定清算人。

（二）清算人的职责

清算人在清算期间执行下列事务。

（1）清理合伙企业财产，分别编制资产负债表和财产清单。

（2）处理与清算有关的合伙企业未了结事务。

（3）清缴所欠税款。

（4）清理债权、债务。

（5）处理合伙企业清偿债务后的剩余财产。

（6）代表合伙企业参加诉讼或者仲裁活动。

（三）清偿顺序

合伙企业财产在支付清算费用和职工工资、社会保险费用、法定补偿金以及缴纳所欠税款、清偿债务后的剩余财产，按照法律规定进行分配。合伙企业不能清偿到期债务的，债权人可以依法向人民法院提出破产清算申请，也可以要求普通合伙人清偿。

（四）注销登记

清算结束后，清算人应当编制清算报告，经全体合伙人签名、盖章后，在 15 日内向企业登记机关报送清算报告，申请办理合伙企业注销登记。合伙企业注销后，原普通合伙人对合伙企业存续期间的债务仍应承担无限连带责任。

第五章　合同法律实务

第一节　合同概述

合同法本质上是财产流转关系的法律规范。合同法以债权债务关系（即当事人间的权利、义务关系）为直接调整对象，其深层的社会关系则是社会的财产流转关系。民法调整的财产关系包括静态的财产关系和动态的财产关系，即财产所有和财产流转关系两大部分。合同法调整的是其中的动态的财产流转关系，反映的是平等主体间在转让产品或货币，完成工作和提供劳务的活动中产生的债务的清偿或履行，具体体现着财产从一个民事主体到达另一个民事主体的合法移转过程。这是合同法与物权法分工的明显不同。合同法与物权法虽然都是财产法，然而物权，尤其是其中的所有权，直接规定社会财产的归属关系，其所要解决的是现存财产归谁所有的问题，主要是生产资料归谁所有。因而，所有权及至整个物权，本质上是规定和反映社会财产关系的静止状态。而合同法作为调整债权关系的法律规范，规定和反映的是社会财产或其他劳动成果从生产领域移转到交换领域，并经过交换领域进入消费领域，其内容主要表现为转移已占有的财产，转换的目的或是实现对财产的占有，或是创造一个新的占有。因此，合同是当事人处分财产或获得财产的重要法律手段，充分反映着流通领域内的财产运动状态。合同法通过确认和保障合同当事人正当行使权利、履行义务，依法约束自己的行为，进而对这种财产流转关系进行规范和调整。

一、契约精神

契约精神是西方文明社会的主流精神，在民主法治的形成过程中有着极为重要的作用，一方面，在市民社会中私主体的契约精神促进了商品交易的发展，为法治创造了经济基础，同时为市民社会提供了良好的秩序；另一方面，根据私人契约精神，上升至公法领域，在控制公权力、实现人权力方面具有重要意义。无论是私法上的契约精神（在商品经济中的交易精神），还是公法上的契约精神，对我国社会主义法治国家的构建和社会主义市场经济的良性运转都有着积极作用。

（一）一个真实的故事

1797 年，在美国纽约哈德逊河湾，一个小孩子因坠崖丧生，其父母为孩子立了一块墓碑。后来因为家道衰落，父母把这块地卖掉，卖给新主人时，在合同里约定，希望把这个坟墓永远保留下去。过了 100 年，格兰特将军把墓地选在此处，但他并没把小孩子的陵墓迁走。1997 年，纽约市长又整修了这个小孩子的坟墓。

这个故事告诉我们，承诺了就要做到。

（二）契约精神的含义

在理论上，契约精神包括三大内容，即契约自由、契约正义、契约严守。

1. 契约自由

契约自由包括以下几个方面：选择对方当事人的自由、定价的自由、确定合同具体的权利义务的自由、选择救济方式的自由、合同变更和解除的自由等。这是市场经济体法律体系的最核心的一个原则，是在合同法中贯彻始终的。契约反映的是双方的真实意愿、自由意志，如果有强迫，就不自由了，就可能导致合同无效。

但是，我们应该看到，契约自由的自由是有限度的，只有有限度，才会受法律保护，这才是契约自由最有价值的部分。

无论是精神法，还是民法，都有一个原则在前面，那就是诚实信用，这是市场经济运行的最基本的体系和法则。我们所行使的自由权，包括缔约自由、要价自由、交易自由等。最核心的是，所实现的这个合同具有权利和义务的对等性，或者是体现了诚实性的原则，包括那些拥有非常强的市场力量，甚至垄断和寡占的厂商，也依然要遵循这样一个原则，即所提交的合同不能有霸王条款。如果有霸王条款，就是没有效力的。

所以，我们说契约自由是在一定限度内的自由。如果超过了一定限度，就会导致合同无效，一定要在法律的边界和限度内去行使。

2. 契约正义

契约正义反映的是订立合同的主体双方的平等、公正和公平。任何经济体打交道时，都要讲究权利和义务的平等性、值得信赖性，只有互相赋有权利、赋有义务，才真正是公平公正、互利共赢，在这样的基础上，才有更大的合作空间。如果一方违反，那么另一方会变更，甚至退出，即上面所讲到的契约自由。自由是一个前提，但自由的核心是让它能够存在，能够易行，双方能够遵守，能够促使以后企业合作圆满、顺利。而公正就是基础，如果任何一方只有权利，没有义务，或者说有更多的义务，更少的权利，就违背了契约公正的精神和原则，就会埋下隐患。如果显失公平，法律就主张撤销这个契约或者去变更，即合同无效。在人与人之间、单位与单位之间、股东与股东之间等，都是要遵守契约的，只要双方达成一致，就要公平、公正地完全履行契约。

另外，主体的平等性，体现在无论是自然人、法人还是国家，只要参与到商业活动中，使用的形式是合同，地位就应该平等。

孟德斯鸠说过："在民法慈母般的眼中，每个人就是整个国家。"也就是说，只有具有主体地位的平等性，才能上升到权利、义务的对等性。所以，在英美契约法中，在合同的成立过程中，特别强调一个因素，那就是平等，即我们可以缔结合同，但若这个合同没有足够多的对价，则这个合同是没有效力的，不会受法律保护。

3. 契约严守

有学者做过统计，在现实司法实践中，因合同纠纷引起的案件，有70%是不守约导致的。也就是说，诚实守信是非常重要的。如果签订了合同，而没有得到履行，即双方的权利和义务落空了，就等于没有了契约，这是市场经济体制下一个非常严重的问题。社会的诚信建设遭到了很大破坏，对法治和经济的破坏也非常严重。

17世纪时，一位名叫巴伦支的船长带领荷兰船队，为开辟一条北方新航路，被冰封的海面冻住长达8个月之久。在这8个月中，他们拆甲板烧火取暖，通过打猎获取食物和衣服，甚至在恶劣的险境中，18个人中死去了8人。不可思议的是，他们丝毫未动别人委托给他们的货物，而货物中就有他们需要的药品和衣服。

荷兰商人用他们的生命作代价，信守了"契约神圣"精神，这种契约精神为荷兰带来了世界市场，使得荷兰这个人口不足两千万人的欧洲小国，成为17世纪航海和贸易强国。当时荷兰的商船数目超过欧洲所有国家商船数目总和，被誉为"海上马车夫"。

二、合同法的基本原则

（一）平等原则

平等原则是指合同当事人的法律地位平等，一方不得将自己的意志强加给另一方。理解平等原则应注意以下两个要点。

（1）平等原则的范围。在一个合同中，当事人之间的关系要求平等，这既不是说合同当事人与其他人的关系平等，也不是说这个当事人在社会生活中的地位是平等的。在社会生活中的一些当事人，例如，在政治领域不平等的两个人，一旦加入了一个合同关系，作为合同当事人，双方就是平等的。因此，平等原则的范围仅限于合同关系的当事人之间。

（2）法律地位平等。法律地位平等的含义是，要平等相待，不能强迫对方，更不能把自己的意志强加给对方。这里的平等并不是指合同当事人的经济实力平等。法律地位平等主要表现在谈判、签订合同、履行合同时，应该和对方平起平坐，共同协商。

（二）自愿原则

自愿原则是"私法自治"的精髓。自愿原则体现了民事活动的基本特征，是民事关系区别于行政法律关系、刑事法律关系的特有原则。民事活动除法律强制性的规定外，由当事人自愿约定。自愿原则主要表现在合同当事人依法享有在缔结合同、选择相对人、决定合同内容以及在变更和解除合同、选择合同补救方式等方面的自由。

（三）公平原则

理解公平原则需要注意两个要点：一是公平原则的适用范围。公平原则的适用范围是指在合同的当事人之间，在一个合同关系上是公平的。合同当事人和当事人之外的第三人之间的关系是不可以用公平原则去要求的。公平原则适用范围很窄，限于同一个合同关系上的当事人之间的关系。二是公平原则的作用。公平原则是用来衡量当事人之间的权利义务关系的，当事人之间确定的权利与义务要公平。公平是指双方当事人在利害关系上大体平衡。如果一方当事人只享受权利，不承担风险、损失、亏损，而让另一方当事人去承担风险、损失、亏损，却不享有权利，那么就造成当事人的权利义务关系严重不平衡。公平原则是从正面要求当事人在签订合同时要遵循公平原则，维持双方当事人之间的利害关系平衡。

（四）诚实信用原则

诚实信用原则是指当事人在从事民事活动时，应诚实守信，以善意的方式履行其义务，不得滥用权力，不得规避法律或合同规定的义务。"人无信不立，国无信则衰。"诚实信用既是一个国家经济繁荣与社会发展的基础，也是市场经济秩序的基本内容，是合同法的最高指导原则，也被称为"帝王原则"，绝大部分的纠纷都是因违反诚实信用原则而产生的。

三、合同的由来、概念和分类

（一）合同的由来

合同是适应私有制商品经济的客观要求出现的，是商品交换在法律上的表现形式。商品生产产生后，为了交换的安全和信誉，人们在长期的交换实践中逐渐形成了许多关于交换的习惯和仪式。这些商品交换的习惯和仪式便逐渐成为调整商品交换的一般规则。随着私有制的确立和国家的产生，统治阶级为了维护私有制和正常的经济秩序，把有利于他们的商品交换习惯和规则用法律形式加以规定，并以国家强制力保障实行，于是商品交换的合同法便应运而生了。古罗马时期，合同就受到人们的重视。签订合同必须经过规定的方式，才能产生法律效力。如果合同仪式的术语和动作有遗漏任何一个细节，就会导致整个合同无效。随着商品经济的发展，这种烦琐的形式直接影响了商品交换的发展。在理论和实践上，罗马法逐渐克服了缔约中的形式主义。要物合同和合意合同的出现，标志着罗马法从重视形式转为重视缔约人的意志，从而使商品交换从烦琐的形式中解脱出来。

合同制在中国古代也有着悠久的历史。《周礼》对早期合同的形式有较为详细的规定。判书、质剂、傅别、书契等都是古代合同的书面形式。经过唐、宋、元、明、清，法律对合同的规定也越来越系统。

（二）合同的概念

合同是平等主体的自然人、法人、其他组织之间设立、变更、终止民事权利、义务关系的协议。

广义的合同是指所有法律部门中确定权利、义务关系的协议；狭义的合同是指一切民事合同；还有最狭义的合同，仅是指民事合同中的债权合同。合同作为一种民事法律行为，是当事人协商一致的产物，是两个以上的意思表示相一致的协议。只有当事人所做出的意思表示合法，合同才具有国家法律约束力。

依法成立的合同从成立之日起生效，具有国家法律约束力。

值得注意的是，婚姻、收养、监护等有关身份关系的协议，适用其他法律的规定。

（三）合同的分类

合同的分类是指基于一定的标准，将合同划分为不同的类型。一般来说，合同可以做出如下分类。

1. 无名合同和有名合同

无名合同又称为非典型合同，是指法律上尚未确定一定名称与规则的合同。根据合同自由原则，合同当事人可以自由决定合同的内容。因此，即使当事人订立的合同不属于有名合同的范围，只要不违背法律的禁止性规定和社会公共利益，也仍然是有效的。可见，当事人可以自由订立无名合同。

有名合同又称为典型合同，是指由法律赋予其特定名称及具体规则的合同。如买卖合同、借款合同、租赁合同、融资租赁合同、承揽合同、运输合同、技术合同、保管合同、委托合同等都属于有名合同。除《民法典》中规定的合同外，一些单行法律也规定了一些合同关系，如《民法典》中规定的保证合同、抵押合同和质押合同，《中华人民共和国保险法》中规定的保险合同，《中华人民共和国城市房地产管理法》中规定的土地使用权出让和转让合同等。对于有名合同的内容，法律通常设有一些规定，但这些规定大多为任意性规范，当事人可以通过约定来改变法律的规定。也就是说，法律关于有名合同内容的规定，主要规范合同的内容，并非要代替当事人订立合同。从合同立法的发展趋势来看，为了规范合同关系，保护合同当事人权益，各国合同立法都扩大了有名合同的范围，但这种发展趋势并非意味着对当事人合同自由的干预大大加强，而是为了进一步规范合同关系，促使当事人正确订约。

2．双务合同和单务合同

根据合同当事人是否互相负有给付义务，可将合同分为双务合同和单务合同。双务合同是指当事人双方互负对待给付义务的合同，即双方当事人互享债权、互负债务，一方的权利正好是另一方的义务，彼此形成对价关系。例如，在买卖合同中，卖方有获得价款的权利，而买方正好有支付价款的义务；反过来，买方有取得货物的权利，而卖方有交付货物并转移货物所有权的义务。单务合同是指合同双方当事人中仅有一方负担义务而另一方只享有权利的合同。例如，在借用合同中，只有借用人负有按约定使用并按期归还借用物的义务；在商事法律实践中，大多数的合同都是双务合同，单务合同比较少见。

3．有偿合同和无偿合同

根据合同当事人之间的权利、义务是否存在对价关系，可将合同分为有偿合同和无偿合同。

有偿合同是指当事人一方给予对方某种利益，对方要得到该利益必须为此支付相应代价的合同。在实践中，绝大多数反映交易关系的合同都是有偿的，如买卖合同、租赁合同、加工承揽合同、运输合同、仓储合同等。无偿合同是指一方给付对方某种利益，对方取得该利益时并不支付相应代价的合同，如赠与合同、借用合同等。在实践中，无偿合同数量比较少。而有的合同既可以是有偿的，也可以是无偿的，如自然人之间的保管合同、委托合同等，双方既可以约定是有报酬的（即有偿的保管、委托），也可以约定是没有报酬的（即无偿的保管、委托）。

需要注意的是，双务合同不一定就是有偿合同，无偿合同不一定就是单务合同。在无偿合同中，一方当事人可能也要承担一定的义务，如借用合同是无偿合同，借用人无须向出借人支付报酬，但属于双务合同，出借人有交付借用物的义务，借用人负有正当使用和按期返还的义务。

4．要式合同和不要式合同

根据法律对合同的形式是否有特定要求，可将合同分为要式合同和不要式合同。

要式合同是指根据法律规定必须采取特定形式的合同。对于一些重要的交易，法律常要求当事人必须采取特定的方式订立合同。例如，中外合资经营企业合同必须由审批机关批准，合同方能成立。不要式合同是指当事人订立的合同依法并不需要采取特定的形式，当事人既可以采取口头形式，也可以采取书面形式。除法律有特别规定以外，合同均为不要式合同。根据合同自由原则，当事人有权选择合同形式，但对于法律有特别的形式要件规定的，当事人必须遵循法律规定。

5. 主合同和从合同

根据合同相互之间的主从关系，可将合同分为主合同和从合同。

主合同是指不以其他合同的存在为前提而能够独立存在的合同。从合同是指不能独立存在而以其他合同为存在前提的合同。例如，甲与乙订立借款合同，丙为担保乙偿还借款而与甲签订保证合同，则甲与乙之间的借款合同为主合同，甲与丙之间的保证合同为从合同。

第二节　合同的订立

一、合同订立的条件

1. 订约主体

所谓订约主体是指实际订立合同的人，他们既可以是未来的合同当事人，也可以是合同当事人的代理人，订约主体与合同主体是不同的，合同主体是合同关系的当事人，他们是实际享受合同权利并承担合同义务的法人。

2. 双方当事人订立合同必须依法进行

所谓依法签订合同，是指订立合同要符合法律、行政法规的要求，由于合同约定的是当事人双方之间的权利和义务关系，而权利和义务是依照法律规定所享有和承担的，因此订立合同必须符合法律、行政法规的规定。如果当事人订立的合同违反法律、行政法规的要求，法律就不予承认和保护，这样，当事人达成协议的目的就不能实现，订立合同也就失去了意义。

3. 当事人必须就合同的主要条款协商一致

合同必须是经过双方当事人协商一致的，所谓协商一致，是指经过谈判、讨价还价后达成的相同的、没有分歧的看法。

4. 合同的成立应具备要约和承诺阶段

要约、承诺既是合同成立的基本规则，也是合同成立必须经过的两个阶段。如果合同没有经过承诺，而只是停留在要约阶段，则合同未成立。合同从合同当事人之间的交涉开始，由合同要约和对此的承诺达成一致而成立。

二、合同的订立阶段

1. 第一阶段——要约

要约又称为发盘、出盘、发价或报价等。根据《民法典》第四百七十二条规定，要约是希望与他人订立合同的意思表示。可见，要约是一方当事人以缔结合同为目的，向对方当事人所做的意思表示。发出要约的人称为要约人，接受要约的人则称为受要约人、相对人和承诺人。

依据《民法典》第四百七十二条，要约的意思表示必须"表明经受要约人承诺，要约人即受该意思表示约束"。要约发出后，非依法律规定或受要约人的同意，不得变更、撤销要约的内容，据此表明要约与不能产生行为预期的法律效果的事实行为是不同的。由于要约人要受要约的拘束，因此要约与要约邀请也是不同的。

要约的主要构成要件如下。

第一，要约是由具有订约能力的特定人做出的意思表示。

第二，要约必须具有订立合同的意图。《民法典》第四百七十二条规定，要约是希望与他人订立合同的意思表示，要约中必须表明经受要约人承诺，要约人即受该意思表示约束。

第三，要约必须是向要约人希望与其缔结合同的受要约人发出。要约人向谁发出要约也就是希望与谁订立合同，要约只有向要约人希望与其缔结合同的受要约人发出，才能唤起受要约人的承诺。原则上，要约应向一个或数个特定人发出，即受要约人原则上应当特定。向不特定人发出要约，必须具备两个要件：一是必须明确表示其做出的建议是一项要约而不是要约邀请；二是必须明确承担向多人发出要约的责任，尤其是要约人向不特定人发出要约后，应当具有在合同成立以后，向不特定的受要约人履行合同的能力。

第四，要约的内容必须具体确定。《民法典》第四百七十二条规定，要约的内容必须具体确定。所谓"具体"，是指要约的内容必须具有足以使合同成立的主要条款；所谓"确定"，是指要约的内容必须明确，而不能含糊不清，使受要约人不能理解要约人的真实意图。

只有具备上述四个要件，才能构成一个有效的要约。

2. 要约邀请

要约邀请又称为引诱要约，《民法典》第四百七十三条规定，要约邀请是希望他人向自己发出要约的表示。要约邀请不是一种意思表示，而是一种事实行为，也就是说，要约邀请是当事人订立合同的预备行为，在发出要约邀请时，当事人处于订约的准备阶段。要约邀请只是引诱他人发出要约，它不能因相对人的承诺而成立合同。在发出要约邀请以后，要约邀请人撤回其邀请，只要没有给善意相对人造成信赖利益的损失，要约邀请人一般不承担法律责任。

《民法典》第四百七十三条规定，拍卖公告、招标公告、招股说明书、债券募集办法、基金招募说明书、商业广告和宣传、寄送的价目表等为要约邀请，据此对这些行为应认定为要约邀请。

3. 第二阶段——承诺

在一般商事法律活动中，承诺又称为"接盘"，是指受要约人同意要约的意思表示。承诺应当在要约确定的期限内到达要约人。承诺应与要约的内容一致。凡受要约人对要约的内容做了实质性的变更或修改的，都不构成承诺，而只是一个新的要约。承诺也可以撤回，但撤回承诺的通知必须于承诺到达要约人之前或与承诺同时到达要约人。

任何有效的承诺都必须具备以下条件。

第一，承诺必须由受要约人做出。要约和承诺是一种相对人的行为。因此，承诺必须由受要约人做出。受要约人以外的任何第三者即使知道要约的内容并对此做出同意的意思表示，也不能认为是承诺。

第二，承诺必须在有效时间内做出。要约在其存续期间才有效力，一旦受要约人承诺便可成立合同。因此承诺必须在此期间做出。如果要约未规定存续期间，那么以对话方式做出的，承诺应即时做出；以非对话方式做出的，承诺应在合理的期间做出（《民法典》第四百八十一条）。凡在要约的存续期间届满后承诺的，是迟到的承诺，不发生承诺的效力，应视为新要约（《民法典》第四百八十六条）。但是，受要约人在要约的存续期间内做出承诺，依通常情形在相当期间内可到达要约人，但因电报故障、信函误投等传达故障致使承诺迟到的，为特殊的迟到。在这种特殊迟到的情况下，承诺人原可期待合同因适时承诺而成立，依诚实信用原则，要约人应有通知义务，即及时地向承诺人发出承诺迟到的通知。怠于为此通知的，承诺视为未迟到，合同因而成立（《民法典》第四百八十七条）。该承诺迟到的时间，属于一种事实通知，以要约人将迟到的事实通知承诺人即足够，并且依发送而生效力，不到达的风险由承诺人负担。如甲向乙要约，乙的承诺发生特殊的迟到。甲不依法向乙发送承诺迟到的通知，合同成立；甲向乙发送承诺迟到的通知，但因传达故障，乙并未收到，合同不成立。所谓及时发出，是指依善良管理人的注意义务，在情势所允许的范围内，不迟延而为发送。在承诺使用快递的传达工具时，承诺迟到的通知原则上亦须使用正确方法。承诺迟到的通知义务，不是法律上真正的义务，而是非真正的义务，违反它不产生损害赔偿责任。

第三，承诺必须与要约的内容完全一致，即承诺必须无条件地接受要约的所有条件。据此，凡是第三者对要约人所做的"承诺"，凡是超过规定时间的承诺（有的也叫作"迟到的承诺"），凡是内容与要约不相一致的承诺，都不是有效的承诺，而是一项新的要约或反要约，必须经原要约人承诺后才能成立合同，关于承诺有效要件，大陆法系各国要求较严，非具备以上三要件者则不能有效。而英美法系各国对此采取了比较灵活的态度。例如，美国《统一商法典》规定，商人之间的要约，除要约中已明确规定承诺时不得附加任何条件或所附加的条款对要约做了重大修改外，被要约人在承诺中附加某些条款，承诺仍可有效。

由此，我们知道，合同的订立是个动态的过程，一般经过要约、新要约、承诺几个反复、复杂的步骤之后才最终订立成功。

第三节　合同的效力

一、合同效力的概念

合同效力是指依法成立受法律保护的合同，对合同当事人产生的必须履行其合同的义务，不得擅自变更或解除合同的法律拘束力，即法律效力。这个"法律效力"不是说合同本身是法律，而是说由于合同当事人的意志符合国家意志和社会利益，国家赋予当事人的意志以拘束力，要求合同当事人严格履行合同，否则即依靠国家强制力，要当事人履行合同并承担违约责任。

合同效力有狭义概念与广义概念之分。

狭义的合同效力是指有效成立的合同，依法产生了当事人预期的法律效果。依《民法典》的建构逻辑，合同的订立是规范缔约当事人之间如何达成合意，合同效力则是进一步规范当事人的合意应具有怎样的法律效力。合同自由是合同法的基本原则和灵魂，只要当事人间的合意不违反国家法律的规定，当事人的意志即发生法律效力。我们所讲的合同效力，通常指的是狭义的合同效力概念。

广义的合同效力则是指合同所产生的所有私法效果。在《民法典》中，不仅有效成立的合同能产生一定的法律效果，无效的合同、效力待定的合同、可撤销的合同也会产生一定的法律效果，附条件或附期限的合同在条件或期限成就前也具有一定的法律效力。广义的合同效力还可以包括有效的合同违反时所产生的法律效果。依法成立的合同对当事人具有法律拘束力，当事人应当履行其所承担的义务；如果当事人不履行其义务，则应依法承担民事责任。此责任的产生虽然不是当事人所预期的效果，但也是基于合同所产生的，应属于广义的合同效力的范畴。

合同的效力体现在如下几个方面。

（1）合同对双方当事人的拘束力。合同对当事人的拘束力表现在权利与义务两个方面：一方面，合同当事人依据法律与合同的规定所产生的权利依法受到法律的保护，合同的当事人有请求和接受债务人履行债务的权利，这些权利也包括合同履行当中的抗辩权、代位权和撤销权等。同时，当事人还有在另一方当事人不履行合同规定的义务时获得补救的权利等；另一方面，依据合同所产生的义务具有法律上的强制性，当事人必须履行。拒绝履行或者不适当履行或者擅自变更和解除合同属于违法行为，当事人如果违反合同义务，就应当承担违约责任。

（2）合同对第三人的法律效力。合同是当事人之间的合意，因此也只能在当事人之间具有法律效力。合同当事人只能向对方当事人行使权利和承担义务，不能请求第三人承担合同上的义务，第三人也不能依据合同向合同当事人主张权利和承担义务。

（3）合同生效后的法律效力。其表现在当事人违反合同规定，依法将承担法律责任，必要时人民法院也可以采取强制措施，使当事人依合同的规定承担责任，履行义务，对另一方当事人进行补救。

二、合同效力的分类

合同效力是法律赋予依法成立的合同的约束力。合同效力可分为四大类，即有效合同，无效合同，效力待定合同，可变更、可撤销合同。

1. 有效合同

所谓有效合同，是指依照法律的规定成立并在当事人之间产生法律约束力的合同。从现有的法律规定来看，都没有对合同有效规定统一的条件。但是我们从现有法律的一些规定还是可以归纳出作为一个有效合同所应具有的共同特征。根据《民法典》第一百四十三条对"民事法律行为"规定的条件来看，其主要应具有以下条件：行为人具有相应的民事行为能力；意思表示真实；不违反法律、行政法规的强制性规定，不违背公序良俗。因为上述三个条件是民事行为能够合法的一般准则，当然也应适用于当事人签订合同这种民事行为，所以合同有效的条件也应当具备上述三个条件。同时结合《民法典》第四百六十九条规定来看，有些合同的生效或有效还要求合同必须具备某一特定的形式。因此，以上四个条件也就是合同有效的要件。从《民法典》第五百零二条来看，就是要"合法"。当然，以上四个条件也都是《民法典》的相关具体规定，只有符合这些条件，合同才能"合法"，也才会有"有效"的可能。

合同如果成立后生效，则会在合同当事人之间产生法律约束力。《民法典》第四百六十五条规定，依法成立的合同，受法律保护。依法成立的合同，仅对当事人具有法律约束力，但是法律另有规定的除外。如果一方当事人不履行合同义务，另一方当事人可依照本条规定及合同的具体要求对方履行或承担违约责任。由于目前我国还没有建立起第三人侵害债权制度，因此如果第三人侵害合同债权时，另一方当事人只能依据《民法典》第五百九十三条的规定要求违约方承担违约责任，当事人一方和第三人之间的纠纷，依照法律规定或者按照约定解决。也就是说，根据合同的相对性原则和现有的法律规定，有效合同的法律约束力仅限于合同当事人之间，对当事人之外的第三人并无法律约束力，没有为守约方或受害方提供更加全面、有力的保护，有待合同法的进一步修改和完善。

2. 无效合同

无效合同是相对有效合同而言的，它是指合同虽然成立，但因其违反法律、行政法规或公共利益，而被确认无效。由此而推断其主要特征有：违法性；无效合同的不得履行性；无效合同自始无效；无效合同自然无效，无须当事人主张而可由法院或仲裁机构主动审查，并指出无效合同由于没有法律约束力，因此不属于合同的范畴。另有学者认为，无效合同是指不具备合同的有效要件且不能补救，对当事人自始即不应具有法律约束力的应由国家予以取缔的合同。

3. 效力待定合同

效力待定合同是指合同成立后，因行为人民事行为能力的欠缺而使合同的效力处于不确定状态，有待合同权利和义务的承受人进行追认，追认之后即成为有效合同，不予追认则为无效合同。效力待定合同分三种情形：一是限制民事行为能力人订立的合同，有待其法定代理人去追认；二是无权代理人以被代理人名义订立的合同，有待被代理人去追认；三是无处分权人处分他人财产权利而订立的合同，未经权利人追认，合同无效。无论是限制民事行为能力人订立的合同，或是无权代理人以被代理人名义订立的合同，或是无处分权人处分他人／财产而订立的合同，都有共同的特点，那就是合同的行为人与合同的义务人相分离，合同的订立者不承担义务，而承担义务的是与订立者存在特定关系的另外一个人。充分考虑到如经相关权利的追认便具备了合同有效的条件，即解决了"不合法"的问题，从而认定其为有效。这样既不损害国家、社会及公共的利益，又充分尊重当事人或相关权利人的意愿，不仅是符合客观事实要求的，而且促进了社会经济的发展。

4. 可变更、可撤销合同

可变更、可撤销合同是指合同成立后，因在合同订立过程中存在可变更或撤销的法定事由，当事人一方或者受损害方有权请求人民法院或仲裁机构变更或撤销合同，一经撤销则成为无效合同，若不被撤销则为有效合同。可变更、可撤销合同分为两种情况：一是当事人任何一方都有权请求变更或者撤销的，其法定事由包括因重大误解订立的和订立合同是显失公平的；二是受损害一方有权请求变更或撤销的，其法定事由为一方采取欺诈、胁迫的手段或乘人之危，而使受害一方违背真实意思订立合同时。另外，变更和撤销合同属于不同的请求，当事人请求变更的，法院或仲裁机构不得撤销，请求撤销的，法律则没有禁止予以变更。

第四节　合同的履行

一、合同履行的概念

合同履行是指合同的当事人按照合同完成约定的义务，如交付货物、提供服务、支付报酬或价款、完成工作、保守秘密等。

在社会生活中，人们之所以要磋商和订立合同，以自己的某种具有价值的东西去与别人交换，无非是期望能获得更大的价值，创造更多的财富。而这一价值能否实现，取决于双方订立的合同能否真正得以履行。如果仅仅是订立了合同而没有实际履行合同，那么不但为争取签约的所有努力都会付之东流，而且可能招致经济上和信誉上的严重损失。因此，履行合同是实现合同目的最重要和最关键的环节，直接关系合同当事人的利益，因此也使履行问题成为《民法典》实践中最容易出现争议的问题。

二、合同履行的原则

1. 全面履行原则

《民法典》第五百零九条第一款规定，当事人应当按照约定全面履行自己的义务。这一规定确立了全面履行原则。全面履行原则又称为适当履行原则或正确履行原则。它要求当事人按合同约定的标的及其质量、数量，合同约定的履行期限、履行地点，适当的履行方式，全面完成合同义务的履行原则。依法成立的合同，在订立合同的当事人间具有相当于法律的效力，因此，合同当事人受合同的约束，履行合同约定的义务应是自明之理。

2. 协作履行原则

协作履行原则是指在合同履行过程中，双方当事人应互助合作，共同完成合同义务的原则。合同是双方民事法律行为，不仅是债务人一方的事情，债务人实施给付，需要债权人积极配合受领给付，才能达到合同的目的。在合同履行的过程中，债务人应比债权人更多地受诚实信用、适当履行等原则的约束，故协作履行往往是对债权人的要求。协作履行原则也是诚实信用原则在合同履行方面的具体体现。协作履行原则具有以下几个方面的要求：一是债务人履行合同债务时，债权人应适当受领给付；二是债务人履行合同债务时，债权人应创造必要条件、提供方便；三是债务人因故不能履行或不能完全履行合同义务时，债权人应积极采取措施防止损失扩大，否则，应就扩大的损失自负其责。

3. 经济合理原则

经济合理原则是指在合同履行过程中，应讲求经济效益，以最少的成本取得最佳的合同效益。在市场经济社会中，交易主体都是理性地追求自身利益最大化的主体，因此，如何以最少的履约成本完成交易过程，一直都是合同当事人所追求的目标。由此，交易主体在合同履行的过程中应遵守经济合理原则是必然的要求。该原则一直为我国的立法所认可，供需双方应商定选择最快、最合理的运输方法。

4. 情势变更原则

情势变更原则是指合同成立后至履行完毕前，合同存在的基础和环境，因不可归属于当事人的原因发生变更，若继续履行合同将显失公平，故允许变更合同或者解除合同。

情势变更原则实质上是诚实信用原则在合同履行中的具体运用，其目的在于消除合同因情势变更而产生的不公平后果。自第二次世界大战后，由于战争的破坏，战后物价暴涨，通货膨胀十分严重。为了解决战前订立的合同在战后的纠纷，各国学者，特别是德国学者借鉴历史上的"情势不变条款"理论，提出了情势变更原则，并经法院采为裁判的理由，直接具有法律上的效力。经过长期的发展，这一原则已成为当代合同法中一个极富特色的法律原则，为各国法律所普遍采用。我国法律虽然没有规定情势变更原则，但在司法实践中，这一原则为司法裁判采用。因此，情势变更原则既是合同变更或解除的一个法定原因，更是解决合同履行中情势发生变化的一项具体规则。

三、合同履行的抗辩权

1. 同时履行抗辩权

当事人互负到期债务，没有先后履行顺序的，应当同时履行。一方在对方履行之前有权拒绝其履行要求；另一方在对方履行债务不符合约定时，有权拒绝其相应的履行要求。

2. 先履行抗辩权

当事人互负债务，有先后履行顺序，先履行一方不履行的，后履行一方有权拒绝其履行要求。先履行一方履行债务不符合约定时，后履行一方有权拒绝其相应的履行要求。

3. 不安履行抗辩权

不安履行抗辩权的行使分为两个阶段：第一阶段为中止履行。应当先履行债务的当事人，有确切证据证明对方有下列情况之一的，可以中止履行：经营状况部分严重恶化；转移财产、抽逃资金，以逃避债务；丧失商业信用；有丧失或者可能丧失履行债务能力的其他情形。第二阶段为解除合同。当事人依照上述规定中止履行的，应当及时通知对方。对方提供适当担保时，应当恢复履行。中止履行后，对方在合理期限内未恢复履行能力并且未提供适当担保的，中止履行的一方可以解除合同。

不安履行抗辩权的行使是有一定条件和限制的。如无确切证据证明对方失去履行能力而中止履行，或者中止履行后，对方提供适当担保时而拒不恢复履行，则由不安履行抗辩权人承担违约责任。

四、合同担保

（一）合同担保的概念

合同担保是指法律规定或者当事人约定的确保债务人履行债务，保障债权人的债权得以实现的法律措施。在借贷、买卖、货物运输、加工承揽等经济活动中，债权人为保障其债权的实现，要求债务人向债权人提供担保的合同。合同担保对于提高合同的法律效力，维护当事人的合法权益是十分必要的。

（二）合同履行中的担保方式

1. 定金

销售方在合同未履行前，可以要求买方预先支付占总货款一定比例的现金，作为到期支付全部货款的保证。

定金与预付款的区别：定金是一种担保方式，主要用来惩罚违约行为，而预付款从一开始就属货款的一部分，以上二者可以因约定而相互转化。

定金与违约金的区别：违约金属于损害赔偿性质，其数额认定完全依赖于受损害当事人的损失情况；而定金是一种债权担保，其数额一旦确定，非经双方协商一致不得改变。

2. 保证

销售方可以要求买方提供一个经济实力强大、遵循诚实信用的法人作为第三方来担保买方的付款。一旦买方不能按期付款，由该担保方承担付款责任。担保方应该是自愿的。保证人应与销售方签订书面保证合同，并写明保证的内容、方式，由双方签字、盖章。应在担保合同中明确规定保证人所承担的责任。其中，需要注意"代为履行"和"连带责任"的区别。代为履行是指只有在原债务人确无能力履行债务和赔偿损失时，才可以向保证人要求履行债务和赔偿损失。连带责任是指只要债务人不履行债务，不管其是否具有履行能力，债权人都可以直接要求其代为履行或者赔偿损失。原债务变更或修改原债务合同时，必须事先征得保证人的同意，否则保证人不负责保证责任。

要合理选定保证人，应注意：不能由国有企业的主管部门或其他行政机关担当保证人；选定的担保人确实能承担相应的付款责任，即需要对担保人做资信调查。签订保证合同时，以下内容不可缺少：被担保的债权种类、数额；保证的方式；保证担保的范围；保证的期限。

3．抵押

买方或第三方提供一定数量的财产作为付款的担保，当债务人不履行债务时，债权人有权依法以该财产折扣拍卖、变卖的价款优先受偿。

应注意以下几个问题。

（1）应订立书面抵押合同，并在合同中注明双方当事人的姓名与名称、所担保的债权数额及范围、抵押物的名称、抵押物的占有归属及抵押日期。

（2）弄清抵押物担保的范围：赔偿原债权；赔偿由于债务不履行而造成的损失和违约金；实现抵押权所花费的费用（公证、诉讼费）。

（3）在抵押期间，他人不得使用或处置该抵押物。

4．质押

卖方或第三方将财产移交给债权人，从而使后者享有债权优先受偿的权利。

质押与抵押有以下几个方面的区别。

（1）抵押时，债权人不占有抵押物人的抵押物；而质押享有出质物的占有权。

（2）在抵押中，抵押人（债务人）收取抵押物产生的本息；而在质押中，债权人（质权人）收取出质财产的本息。

（3）在抵押中，债权人享有的是处分抵押财产的请求权；而在质押中，债权人可以独立对质押财产做出决定。

（4）在抵押中，由于债权人不占有被抵押的财产，因而对抵押财产不产生履行保管的义务；而在质押中，债权人具有妥善保管质押财产的义务。

5．留置

债权人按照法律规定或者合同规定，对占有的债务人财产进行留置，直到债务人所欠的债务全部还清时再返还债务人。一般有以下几个特点：留置的财产并不是双方当事人事先约定的，而是在交易活动中债务人欠债权人一定的债务时，债权人为保证其债权的实现，留置处于交易活动中的财产；留置的财产只能是与逾期不履行的债权债务合同相关联的财产。只有在债务人到期无力偿还债务时，债权人才可以行使留置权，否则属违法行为，此担保形式有很大局限性，只限于与债权、债务有关的财产，如加工承揽合同、定做合同。

第五节　合同的变更、转让、终止及违约责任

一、合同的变更

合同的变更分为狭义的合同变更和广义的合同变更。狭义的合同变更是指合同有效成立后，尚未履行或者尚未完全履行之前，当事人就其内容进行修改和补充。广义的合同变更还包括合同的转让。

《民法典》第五百四十三条规定，当事人协商一致，可以变更合同。法律、行政法规规定，变更合同应当办理批准、登记等手续的，依照其规定。当事人对合同变更的内容约定不明确的，推定为未变更。

二、合同的转让

合同的转让即合同主体的变更，是指合同当事人一方依法将其合同权利或者义务全部或部分转让给第三人。合同的转让分为权利转让、义务转让和权利与义务一并转让。

（一）权利转让

债权人可以将合同的权利全部或者部分转让给第三人，但有下列情形之一的除外：根据合同性质不得转让；按照当事人约定不得转让；依照法律规定不得转让。

债权人转让权利的，应当通知债务人。未经通知，该转让对债务人不发生效力。债权人转让权利的通知不得撤销，但经受让人同意的除外。债权人转让权利的，受让人取得与债权有关的从权利，但该从权利专属于债权人自身的除外。债务人接到债权转让通知后，债务人对让与人的抗辩，可以向受让人主张。债务人接到债权转让通知时，债务人对让与人享有债权，并且债务人的债权先于转让的债权到期或者同时到期的，债务人可以向受让人主张抵销。

（二）义务转让

债务人将合同的义务全部或者部分转移给第三人的，应当经债权人同意。债务人转移义务的，新债务人可以主张原债务人对债权人的抗辩。债务人转移义务的，新债务人应当承担与主债务有关的从债务，但该从债务专属于原债务人自身的除外。法律、行政法规规定转让权利或者转移义务应当办理批准、登记等手续的，依照其规定。

（三）权利与义务一并转让

当事人一方经对方同意，可以将自己在合同中的权利和义务一并转让给第三人。权利和义务一并转让的，适用权利与义务转让的规定。

当事人订立合同后合并的，由合并后的法人或者其他组织行使合同权利，履行合同义务。当事人订立合同后分立的，除债权人和债务人另有约定的以外，由分立的法人或者其他组织对合同的权利和义务享有连带债权，承担连带债务。

三、合同的终止

合同的终止是指因发生法律规定或者当事人约定的事由，使当事人之间的权利与义务关系消灭。依据《民法典》第五百五十七条规定，有下列情形之一的，债权债务终止：债务已经履行；债务相互抵销；债务人依法将标的物提存；债权人免除债务；债权债务同归于一人；法律规定或者当事人约定终止的其他情形。

合同终止后，当事人应当遵循诚实信用原则，根据交易习惯履行通知、协助、保密等义务。合同的终止不影响合同中结算和清理条款的效力。

四、违约责任

（一）违约责任的概念

违约责任是指当事人不履行合同义务或者履行合同义务不符合合同约定而依法应当承担的民事责任。违约责任是合同责任中一种重要的形式，违约责任不同于无效合同的后果，违约责任的成立以有效合同存在为前提。《民法典》第五百七十七条规定，当事人一方不履行合同义务或者履行合同义务不符合约定的，应当承担继续履行、采取补救措施或者赔偿损失等违约责任。

（二）违约责任的形式

1. 继续履行合同

继续履行也称为强制实际履行，是指违约方根据对方当事人的请求继续履行合同规定的义务的违约责任形式。

2. 采取补救措施

《民法典》第五百八十二条规定，履行不符合约定的，应当按照当事人的约定承担违约责任。对违约责任没有约定或者约定不明确，依照本法第五百一十条的规定仍不能确定的，受损害方根据标的的性质以及损失的大小，可以合理选择请求对方承担修理、重作、更换、退货、减少价款或者报酬等违约责任。

3. 违约金

当事人可以约定，当一方违约时，根据违约情况向另一方支付一定数额的违约金。也可以约定，因违约产生的损失赔偿额的计算方法。约定的违约金低于造成的损失的，当事人可以请求人民法院或者仲裁机构予以增加。

约定的违约金高于造成的损失的，当事人可以请求人民法院或者仲裁机构予以适当减少。当事人迟延履行违约金的，违约方在支付违约金后，还应当履行债务。

合同当事人可以依照《民法典》第五百八十五条第二款的规定，请求人民法院增加违约金，增加后的违约金数额以不超过实际损失为限。增加违约金后，当事人又请求对方赔偿损失的，人民法院不予支持。

4. 赔偿损失

当当事人一方不履行合同义务或者履行合同义务不符合规定时，给对方造成损失的，损失赔偿金额应当相当于因违约所造成的损失，但不得超过订立合同时预见到或者应当预见到的因违反合同可能造成的损失。

5. 定金责任

当事人可以依照《民法典》，约定一方向对方给付定金作为债权的担保。在债务人履行债务后，定金可抵作价款或者收回。给付定金的一方不履行约定的债务的，无权要求返还定金。收受定金的一方不履行约定的债务的，应当双倍返还定金。

第六章　公司法实务

第一节　公司法总论

一、公司的概念和特征

（一）公司的概念

公司是现代企业的基本组织形式。国外公司制企业已有几百年的发展历史。改革开放以来，特别是我国提出建立社会主义市场经济体制、建立现代企业制度以来，我国的公司制企业得到迅速发展，公司制企业已经成为我国企业的一种主要组织形式。要学习和研究公司法，我们就必须对公司的概念和特征进行分析。从法律的角度来看，到底什么叫公司呢？

我国《公司法》第二条规定："本法所称公司是指依照本法在中国境内设立的有限责任公司和股份有限公司。"其实该条只是规定了在我国目前的市场经济中能合法存在的两种公司的类型，而并未涉及公司的定义。从国外有关国家的立法来看，大陆法系国家的公司法、商法或民法不设完整的、专门的定义性规范，有关公司的定义多散见于有关的法条之中。按照大陆法系的传统定义，"公司是依法定程序设立的，以营利为目的的社团法人。"这一传统定义可以分解成以下三层意思。

（1）公司是法人，即公司是依法定条件和法定程序成立的具有权利能力和行为能力的民事组织。

（2）公司是社团法人，公司是两个或两个以上的股东共同出资经营的法人组织。

（3）公司是营利社团法人，即公司股东出资办公司的目的在于以最少的投资获得最大限度的利润。

在我国，目前法学界对于公司的定义也各不相同。归纳起来一般有以下两种定义最为典型。

（1）将公司界定为："公司是依法设立的、以营利为目的的社团法人"。

（2）将公司界定为："公司是依法设立的、以营利为目的的企业法人"。

我们认为第二种定义比较妥当，我国《民法典》以活动性质将我国的法人分为企业法人、机关法人、事业单位法人和社会团体法人。

根据《公司法》第三条规定："公司是企业法人，有独立的法人财产，享有法人财产权。公司以其全部财产对公司的债务承担责任。"

综上所述，我们将公司定义为：公司是依照公司法律规定组织、成立和从事活动的，以营利为目的且兼顾社会利益的，具有法人资格的企业。

（二）公司的特征

根据公司的定义，一般我们认为公司具有以下三个基本的法律特征。

1. 公司具有法人资格

《公司法》第三条规定："公司是企业法人"。法人是与自然人并列的一类最常见的民商事主体，具有独立的商事主体资格，拥有商事主体所要求的权利能力和行为能力，能够以自己的名义从事商事活动，并以自己的财产独立承担民商事责任。公司是最典型的法人类型，体现了法人最本质的特征。

根据我国《公司法》的规定，公司法人资格的取得必须具有以下条件。

（1）公司必须依法设立。公司具有法人资格，而法人是法律赋予其法律人格的社会组织，法人非依法不得设立。公司依法设立主要是指其设立的程序而言，即公司的设立必须要依照法定的程序办理相关的登记手续，领取营业执照，有的公司，如商业银行、保险公司、证券公司等的设立在登记之前还必须经过审批程序。凡在中国境内设立公司，必须依照我国《公司法》《中华人民共和国市场主体登记管理条例》及其他相关的法律法规所规定的条件和程序设立。《公司法》第六条规定："设立公司，应当依法向公司登记机关申请设立登记。符合本法规定的设立条件的，由公司登记机关分别登记为有限责任公司或者股份有限公司。"

（2）公司必须具有必要的财产。财产是公司得以存在的物质条件，同时也是公司作为法人能够独立承担法律责任的物质保障。公司作为一个以营利为目的的企业法人，必须有其可控制与支配的财产，以从事生产经营活动。我国《公司法》将公司享有的独立法人财产称为法人财产权。《公司法》第三条规定："公司是企业法人，有独立的法人财产，享有法人财产权。"公司财产一般被称为公司资产，包括设备、材料、工具等动产和房屋、土地等不动产以及货币组成的有形资产，也包括企业名称、工业产权等无形资产。公司成立时的原始财产来源于公司股东的出资，股东可以以货币、实物、知识产权、土地使用权等方式出资。股东一旦完成出资义务，其出资标的物的财产权即转移至公司，构成公司原始财产。为了确保公司具备必要的财产，我国《公司法》规定了法定资本制，即公司成立时的资本必须要达到法定的最低资本限额。

（3）公司必须要有自己的名称、组织机构和营业场所。公司的名称相当于自然人的姓名，可以自由选用，但必须标明公司的种类，即有限责任公司或股份有限公司。依照《公司法》第八条的规定，有限责任公司必须在公司名称中标明"有限责任公司"或"有限公司"字样，股份有限公司必须在公司名称中标明"股份有限公司"或"股份公司"字样。根据《公司法》第二十五条、第八十一条的规定，公司名称是公司章程绝对必要记载事项之一，同时也是公司登记事项之一。

公司必须具有完备的组织机构。规范的内部治理形式是公司法人不同于其他法人组织的重要标志之一。公司作为法人并无自然实体，必须设立公司机关以决定和实施公司意志。健全的组织机构是公司意志得以实现的组织保障，其一般包括公司的权力机构、执行机构和监督机构。根据我国《公司法》的相关规定，有限责任公司和股份有限公司的组织机构大体相同，但有限责任公司在内部机构的设置上比较灵活，股东人数较少或者规模较小的有限责任公司，可以不设董事会或监事会，而只设一名执行董事或一至两名监事。股份有限公司的内部机构的设置相比较则比较规范。

公司要有自己的营业场所，它是公司实现其设立目的所实施经营的地方；公司还必须要有自己的住所，其住所可与其经营场所一致，也可以不一致。但公司住所是公司法律关系的中心地域，凡涉及公司的债务清偿、诉讼管辖、书状送达均以住所为标准。我国《公司法》第十条规定："公司以其主要办事机构所在地为住所。"

（4）公司必须能够以自己的名义从事民商事活动并独立承担民事责任。

① 公司的独立权利。原则上，就公司的合法目的而言，公司几乎是和自然人一样的独立实体。公司若要与自然人一样，就必须拥有自己的权利。公司所享有的这些权利的范围是非常广泛的，如以自己的名义拥有财产，包括不动产的权利、起诉和应诉的权利以及在公司目的的范围内从事任何合法经营活动的权利。但是由于本身所固有的性质，公司的权利受到一定的限制。如公司不能享有只能由自然人享有的生命权、结婚权、肖像权、隐私权、名誉权、健康权等权利，还有公司在经营中的权利应依照公司法的要求并且与公司章程中载明的经营范围相一致。

② 公司的独立责任。根据公司法的相关规定，公司必须在依法自主组织生产和经营的基础上自负盈亏，用其全部的法人财产对公司的债务独立承担责任。公司的独立责任就意味着公司的股东除承担对公司的出资义务外，不再承担任何其他责任，即股东的有限责任。《公司法》第三条规定："公司以其全部财产对公司的债务承担责任。"这也是公司与其他企业组织形态（如合伙企业、个人独资企业等）的本质区别之一。

公司的独立责任意味着公司股东的有限责任。《公司法》第三条第二款规定："有限责任公司的股东以其认缴的出资额为限对公司承担责任；股份有限公司的股东以其认购的股份为限对公司承担责任。"有限责任是公司制度的基石。但如果公司股东滥用有限责任或恶意利用有限责任制度而损害公司其他股东或公司债权人利益的，法律就会否认股东的有限责任，从而让股东承担无限责任。这在公司法理论上称为公司法人资格否认制度，英美法称为"刺破公司面纱"。我国《公司法》第二十条规定："公司股东应当遵守法律、行政法规和公司章程，依法行使股东权利，不得滥用股东权利损害公司或者其他股东的利益；不得滥用公司法人独立地位和股东有限责任损害公司债权人的利益。"。"公司股东滥用公司法人独立地位和股东有限责任，逃避债务，严重损害公司债权人利益的，应当对公司债务承担连带责任。"

2. 公司是社团组织，具有社团性

依法人的内部组织基础的不同，可将法人分为社团法人和财团法人，公司属于社团法人。公司的社团性表现在它通常有两个或两个以上的股东出资组成。股份有限责任公司具有完全的社团性，其股东有两个人以上。有限责任公司同样体现了公司的社团性。只是法律允许存在例外的情形。我国《公司法》中关于有限责任公司社团性的例外情况包括两种情况：一是一人有限责任公司，二是国有独资公司，在这两种公司中股东都只有一个。但是社团性除含有社员因素外，还含有团体组织性，即不同于单个的个人，而是一个组织体，就这个特征而言，一人有限责任公司和国有独资公司同样体现了公司的社团性。

3. 公司以营利为目的，具有营利性

公司以营利作为终极目标，公司的设立及其运作都是为了追求经济利益。为此，公司必须连续不断地从事经济活动，如商品生产、交换或提供服务。公司的营利性特征已为世界上许多国家和地区的公司立法所确认，从而成为公司的基本特征。公司的营利性是公司区别于其他非营利性法人组织的重要特征。营利性法人的宗旨是获取利润并把利润分配于成员（出资人或股东）；而非营利性法人的宗旨是发展公益、慈善、宗教、学术事业，他们即使从事商业活动、赚取利润，也只是以营利为手段，旨在实现与营利无关的目的，而且其营利所得不能直接分配于成员。区分营利性法人和非营利性法人的主要法律意义就在于对其设立不同的设立程序、赋予其不同的权利能力、适用不同的税法等。

公司的营利性实质上是股东设立公司目的的反映。公司只能以营利为目的，实现公司利益最大化，才能让股东收回投资，并进而实现营利。法律内承认并保护公司的营利性，方能鼓励投资、更多地去创造社会财富，促进市场经济的发展。因此《公司法》第四条中把公司股东的资产收益权作为第一项权利加以规定，体现了公司的营利性特征。但是公司在追求利益最大化并把营利分配给股东时，也要遵守一定的原则，主要是保护债权人的利益。所以，当公司分配其盈利时，必须在支付职工工资、缴纳税款、清偿债务后才可分配给公司的股东。

二、公司的权利能力和行为能力

（一）公司的权利能力

1. 公司权利能力的含义

公司的权利能力是指公司作为法律主体依法享有权利和承担义务的资格。它有以下两层含义。

（1）公司的权利能力是法律所赋予的，而不完全依赖发起人或者股东的意志。

（2）公司是公司权利能力的享有者，公司的权利能力与发起人或股东的权利能力相区别。

因此，公司的权利能力意味着公司可以独立于其发起人或股东，依法直接享有权利和承担义务。公司的权利能力的起始时间与自然人有所不同。自然人的权利能力始于出生，终于死亡。而公司的权利能力于公司成立时产生，至公司终止时消灭。那么，公司何时成立、何时终止就是确定公司权利能力产生和消灭的关键。我国《民法典》规定，企业法人应自其依法登记并领取营业执照之日起享有民事权利能力，自其解散并注销企业法人营业执照之日起终止其民事权利能力。具体而言，依照我国《公司法》第七条的规定，公司营业执照签发日期为公司成立日期。因此，公司营业执照签发之日，就是公司权利能力产生之时。同样，依照《公司法》第一百八十八条的规定，公司清算结束后，清算组应当制作清算报告，报股东会、股东大会或者人民法院确认，并报送公司登记机关，申请注销公司登记，公告公司终止。因此，公司注销登记之日，即为公司的权利能力丧失之时。

2. 公司权利能力的限制

公司的权利能力与自然人的权利能力有较大的不同。公司的权利能力多属于特别的民事权利能力，往往受到公司法、公司章程以及公司自身性质的限制。这些限制主要体现在以下几个方面。

（1）性质上的限制。公司是拟制人格，其本身并不具有新陈代谢的生命体，因此凡是与自然人性质有关的权利、义务，公司均不可能享有。如前所述，专属自然人的生命权、健康权、婚姻权、继承权、隐私权、名誉权等，公司都不能享有。

（2）目的范围的限制。公司作为营利性的法人，其所持续经营的事业或业务记载于公司章程，登记于公司营业执照，在《公司法》中称为经营范围。我国《民法典》规定："企业法人应当在核准登记的范围内从事经营。"公司的经营范围由公司章程规定，并依法登记。公司可以修改公司章程，改变经营范围，但是应当办理变更登记。公司的经营范围中属于法律、行政法规规定须经批准的项目，应当依法经过批准。公司经营范围的意义表现在以下几个方面：其一，公司的经营范围应当由公司章程做出规定，公司章程未做出规定的，公司不得经营；其二，公司的经营范围必须依法进行登记，依法登记的才产生公示的效力；其三，公司的经营范围中属于法律、法规限制的项目，还必须依法进行批准，否则，公司不得经营。如经营银行业、保险业、证券业，就必须要经过中国银行业监督管理委员会、中国保险监督管理委员会、中国证券监督管理委员会的批准；其四，公司应当在登记的经营范围内从事生产经营活动；其五，公司需要改变其经营范围的，必须要依照法定的程序修改公司的章程，并经公司登记机关变更登记，才可以变更其经营范围。

（3）法律上的限制。国家通过公司法及其他法律对公司的权利能力进行限制。

第一，对公司转投资行为的限制。为了督促公司为正常业务经营，不致因投资不当而影响公司的正常经营和公司的偿债能力，我国公司对转投资行为进行了限制，主要体现在以下两个方面：其一，禁止公司承担无限清偿责任。即公司不能成为对所投资企业的债务承担连带责任的出资人。其二，对公司转投资额的限定。我国《公司法》第十六条规定，如果公司的章程对公司的转投资有限额规定的，不得超过此限额。

第二，借贷的限制。为了使公司保持足够的变现资产来及时偿付债务，公司法禁止公司将资金借贷给公司董事、监事和高级管理人员。《公司法》第一百一十五条规定："公司不得直接或者通过子公司向董事、监事、高级管理人员提供借款。"

第三，担保的限制。《公司法》第十六条第一款规定："公司向其他企业投资或者为他人提供担保，依照公司章程的规定，由董事会或者股东会、股东大会决议；公司章程对投资或者担保的总额及单项投资或者担保的数额有限额规定的，不得超过规定的限额。"

（二）公司的行为能力

1. 公司行为能力的含义

公司的行为能力是指公司基于自己的意思表示，通过自己的行为独立行使权利和承担义务的资格。公司的权利能力和行为能力同时产生、同时终止。

2. 公司行为能力的实现方式

公司按照自己的意志实施行为时与自然人有所不同。

（1）公司的意志是通过公司的法人机关来形成和表示的。公司的法人机关就是公司的意志机关。公司的法人机关通常是由股东会或股东大会、董事会和监事会组成，它们依照《公司法》规定的职权和程序，相互配合又相互制约，实现公司的意思表示。

（2）公司对外的行为能力由法定代表人来实施，或者由公司法定代表人的授权代表来实施。根据《公司法》第十三条的规定，公司的法定代表人由公司的董事长担任，在不设董事会的情况下由执行董事或经理担任。公司的法定代表人按照公司的意思以公司的名义对外进行法律行为，为公司取得权利和承担义务。在公司的权利能力范围内，法定代表人所实施的法律行为就是公司自身实施的法律行为，其后果包括权利和义务，由公司承受。

三、公司的分类

公司的分类就是按照不同的标准对公司进行的划分。

（一）以公司股东的责任不同作为标准，可以将公司划分为无限公司、两合公司、有限责任公司、股份有限公司和股份两合公司

（1）无限公司。它是全体股东对公司的债务承担无限连带责任的公司。当公司的资产不足以清偿债务时，公司的债权人可以通过公司对公司的全体股东或任何一个股东要求清偿全部债务。而股东不论出资多少，都对公司债务承担无限连带清偿责任。

（2）两合公司。它是根据公司股东之间的约定，一部分股东承担有限责任，另一部分股东承担无限责任，由这两种股东组成的公司就叫作两合公司。

无限公司和两合公司是公司发展史上最早出现的公司形式。现在各国都把两合公司抛弃了，无限公司在有的国家还保留。如我国的台湾地区，它在其公司法中还规定了无限公司，但是数量极少。德国商法规定，无限公司不是法人。我国公司法没有规定无限公司和两合公司。

（3）有限责任公司。有限责任公司简称有限公司，是指由法律规定一定的人数的股东所组成的，股东以其出资额为限对公司承担责任，公司以其全部资产对公司债务承担责任的公司。这是现代公司的一种基本的形式，虽然出现较晚，由于它较好地吸收了其他公司的优点并克服其不足，所以这种公司的形式在各国都得到迅速的发展。我国公司法也将有限责任公司作为一种主要公司形式。

（4）股份有限公司。股份有限公司简称股份公司，是指由一定人数以上的股东发起成立的，公司全部资本分为等额股份，股东以其所持有的股份对公司承担责任，公司以其全部资产对公司的债务承担责任的公司。在公司的发展历史上，股份有限公司是在两合公司之后产生较早的公司形式。股份有限公司因其可以在社会上广泛筹资、股份可以自由转让、可以实现所有权和经营权分离的经营方式与分权制衡机制以及股份有限责任等特点，特别适合于大型企业的经营，现今其已成为十分重要的公司形式。我国公司法将股份有限公司作为最基本的公司形式之一予以调整。

（5）股份两合公司。它是由承担无限责任的股东和承担股份有限责任的股东共同组成的公司，与两合公司的主要区别在于：股份两合公司中承担有限责任的公司资本被划分成了等额的股份，而且用发行股票的方式来筹集资本。

（二）以公司股份转让方式为标准，可以将公司划分为封闭式公司和开放式公司

（1）封闭式公司。封闭式公司又称为不公开公司、不上市公司、私公司等，是指公司股本全部由设立公司的股东拥有，且其股份不能在证券市场上自由转让的公司。有限责任公司属于封闭式公司。

（2）开放式公司。开放式公司又称为公开公司、上市公司等，是指可以按法定的程序公开招股，股东人数通常无法限制、公司股份能够在证券市场上自由转让的公司。这种公司其实就是指股份有限公司中的上市公司。并非所有的股份有限公司都是上市公司，但是股份有限公司都具有开放性，都可以申请向社会公开发行股份和募集资金，而有限责任公司是不能向社会公开发行股份的，也就无法通过这种方式募集资金。

（三）以公司的信用基础为标准，可以将公司划分为人合公司、合资公司和人合兼合资公司

（1）人合公司。人合公司是指公司的经营活动以股东个人信用而非公司资本的多寡为基础的公司。人合公司的对外信用主要取决于股东个人信用状况，故人合公司的股东之间通常存在特殊的人身信任关系或人身依附关系。无限公司就是典型的人合公司。

（2）合资公司。合资公司是指公司的经营活动以公司的资本规模而非股东个人信用为基础的公司。由于合资公司的对外信用和债务清偿保障主要取决于公司的资本总额及其现有财产状况，因此为防止公司由于资本不足而损害公司债权人的利益，各国法律都对合资公司的设立和运行做了严格的规定，如强调最低的注册资本金、法定的公示制度等。股份有限公司是典型的合资公司。

（3）人合兼合资公司。人合兼合资公司是指公司的设立和经营同时依赖股东的个人信用和公司资本规模，从而兼有两种公司的特点。两合公司、股份两合公司和有限责任公司均属于此类公司。

（四）以公司之间的隶属关系为标准，可以将公司划分为总公司和分公司

（1）总公司。总公司又称为本公司，是指从组织上、业务上管辖其他公司的公司。受管辖的公司在业务执行、资金调度、人事安排上均由本公司发号施令。

（2）分公司。分公司是指从组织上、业务上接受其他公司管辖的公司。分公司在法律上不具有独立的主体地位和法人资格。分公司是总公司的分支机构，它是总公司的组成部分，分公司没有自己独立的名称，没有健全的组织机构，没有自己独立的财产，也不能独立地对外承当法律责任。我国《公司法》第十四条第一款规定"公司可以设立分公司。设立分公司，应当向公司登记机关申请登记，领取营业执照。分公司不具有法人资格，其民事责任由公司承当。"但是，根据《最高人民法院关于适用＜中华人民共和国民事诉讼法＞的解释》（以下简称《民诉解释》）"第五十二条第五项的规定：法人依法设立并领取营业执照的分支机构可以作为其他组织成为民事诉讼的当事人；该《民诉解释》第四百七十一条规定：其他组织在执行中不能履行法律文书确定的义务的，人民法院可以裁定执行对该其他组织依法承担义务的法人或者公民个人的财产。

在公司法和公司实际运作中，分公司是一个"另类"，它不像子公司"根正苗红"，能够独立运作，独立承担法律责任。但对于总公司来说，分公司是自己"肢体"的一部分，涉及分公司的法律纠纷经常也会给总公司徒增诉累。

总公司设立分公司，可能是出于开拓公司业务的需要，也可能是出于公司专业业务活动的需要。分公司具有自己的业务场所和办事机构，具有总公司拨付的营运资金和授予管理的财产，具有与总公司相对独立的管理机构和负责人员，具备相对独立开展业务活动的条件和能力，但是，根据我国《公司法》第十四条规定："分公司不具有法人资格，其民事责任由公司承担。"也就是说，在法律上分公司是总公司的组成部分。

首先，分公司不具有独立的股东会和董事会，它除总公司委派的业务负责人外，各重大事项要服从总公司股东（大）会或者董事会的决议或决定。

其次，分公司不具有独立的资本，其营运资金是总公司资本的一部分，分公司的财务核算虽然有其相对独立性，但不是完整的独立核算。分公司本身不是独立的纳税主体，其盈亏不直接向股东负责，而是由总公司统一核算向股东负责。

最后，分公司对外开展业务活动，不独立承担民事责任。

如果仅仅按照《公司法》第十四条规定的分公司不具有法人资格，其民事责任由总公司承担，似乎违约责任应该由总公司承担，那么，为什么司法实践中有众多的分公司作为当事方涉诉的案件呢？

我国《民事诉讼法》第四十八条规定了公民、法人、其他组织可以作为民事诉讼的当事人。《最高人民法院关于适用〈中华人民共和国民事诉讼法〉的解释》第五十二条又对"其他组织"做了进一步的解释，"其他组织"包括法人依法设立并领取营业执照的分支机构。这样，领取了营业执照的分公司就可以成为民事诉讼的当事人，因此，作为分公司可以成为本案的被告。需要特别指出的是，根据前文民诉法解释第五十二条第（五）（六）项的规定，若涉诉主体为中国人民银行、商业银行或保险公司的分支机构，则只能以该分支机构为被告。

既然分公司不可以单独承担民事责任，如果一旦败诉，分公司和总公司如何分担法律责任？在实践中，不同的法院有不同的法律见解，如果只列分公司为被告，那么法院判决分公司承担责任后，可首先以分公司的财产偿还，如果分公司在执行中没有足够的财产来偿还债务，申请执行人可以要求法院执行总公司的财产。当然，也可以直接执行总公司的财产。

原告把分公司和总公司都列为被告，如何在两者之间分配赔偿责任？按照上述分析，赔偿责任可先以分公司相对独立的财产承担，不足部分以总公司的财产承担。当然，也可以直接执行总公司的财产。

以上分析似乎和《公司法》第十四条规定的分公司不具有法人资格，其民事责任由其总公司承担相矛盾，其实不然。

首先，公司法设立的目的是为了规范公司运作，保护股东、债权人的合法权益，维护社会经济秩序。如果仅仅从表面上理解《公司法》第十四条的规定，分公司因为有总公司这个"靠山"，在日常运营中会因欠缺审慎经营意识不自觉地与第三方产生诸多纠纷，给总公司带来不必要的诉累，特别是分公司众多的集团公司，更会因此而增加运作成本，影响公司的商誉和治理，此时总公司被迫扮演"救火队员"的角色。从《民事诉讼法》立法目的观之，让分公司承担法律责任，有利于维护良好的经济秩序，规范公司运作。

其次，分公司作为纠纷的直接相对方，更了解情况，在诉讼中能占据更有利的地位。让分公司作为直接的法律责任承担者，可以促进分公司经营管理者强化责任意识，也能促使其合法经营、诚信运作。

最后，《公司法》第十四条规定的分公司的民事责任由总公司承担，并不意味着分公司的败诉后果全由总公司承担，而是由分公司承担直接责任，在分公司财力不足以承担全部赔偿责任时，由总公司"兜底"，即所谓的补充责任，这样做的好处是，既维护了债权人的合法权益，不至于债权人追债无门，又能使问题在最小范围内得以解决，减少总公司的诉累。

法院的判决很好地解决了这个问题，既能使原告的损失得到弥补，又很好地处理了分公司和总公司的赔偿分配关系。

另外，值得注意的一点是，对于分公司因合并、破产、被撤销等原因不再存续的情况，在诉讼中，应以总公司为被告，原分公司的民事责任由总公司承担。因为原告起诉时，分公司已关闭或被撤销，其民事责任承担能力消亡，不再具有诉讼主体资格，故其权利义务应由开办、设立该分公司的总公司直接行使或承担。

（五）以公司之间的从属关系为标准，可以将公司划分为母公司和子公司

（1）母公司。母公司是指拥有其他公司半数以上的资本或股份，或根据协议能够控制、支配其他公司的人事、财务、业务等事项的公司。

（2）子公司。子公司是指一定数额的股份被另一公司控制或依照协议被另一公司实际控制、支配的公司。子公司具有独立的法律人格，拥有自己所有的财产，自己的公司名称、章程和董事会，对外独立地开展业务和承担责任。但涉及公司利益的重大决策或重大人事安排，要由母公司决定。我国《公司法》第十四条第二款规定："公司可以设立子公司，子公司具有法人资格，依法独立承担民事责任。"

子公司和分公司之间的区别如表6-1所示。

表6-1　子公司和分公司之间的区别

	子公司	分公司
法律地位	虽受母公司实际控制，但具有独立的法人人格，在工商部门领取《企业法人营业执照》，有自己的公司名称和章程，以自己的名义开展经营活动	不具有独立的法人人格，虽有公司字样，但并非真正意义上的公司，无自己的章程，公司名称只要在总公司名称后加上分公司字样即可。注意：分公司虽不具独立法律地位，但依法设立的分公司可以作为民事诉讼的当事人，具有诉讼资格，另外，分公司也具有独立的缔约能力
责任承担	以其自身的财产独立承担民事责任，与母公司互不连带，除出资人（即子公司的各股东）出资不实或有抽逃资金，以及公司人格否认的情形下，债权人不得就未得清偿部分向出资人追偿	在业务开展过程中出现债务履行不能情形时，债权人可以要求设立公司（总公司）承担清偿义务，提起诉讼时，可以直接把设立公司列为共同被告要求承担责任。注意：这并不意味着两者之间为连带关系，应当是同一个人格，由总公司承担全部责任
设立方式	由一个股东（一人有限责任公司）或者两个以上股东按照《公司法》规定的公司设立条件和方式投资设立	总公司在其住所地之外向当地工商部门申请设立，属于设立公司的分支机构，在公司授权范围内独立开展业务活动
对母公司/总公司的投资限制	公司向其他有限责任公司、股份公司投资的，公司章程对投资或者担保的总额及单项投资或者担保的数额有限额规定的，不得超过规定的限额	总公司对分公司的投入原则上不受限。注意：依照《中华人民共和国商业银行法》第十九条第二款规定，商业银行拨付其子公司运营资金的总和不得超过总行资本金总额的60%

（六）以公司的国籍为标准，可以把公司划分为本国公司和外国公司

所谓本国公司，是指具有本国国籍的公司；所谓外国公司，是指具有外国国籍的公司。我国《公司法》第一百九十一条规定："本法所称外国公司是指依照外国法律在中国境外设立的公司。"由此可见，我国立法对公司国籍采用了法律根据及登记注册地二者结合确定公司国籍的做法。外商投资企业是根据中国法律在中国境内设立的企业，属于中国企业。

四、公司和相关企业的区别

（一）公司和个人独资企业的区别

公司和个人独资企业的区别主要表现在以下几个方面。

（1）法律地位不同，公司都具有独立的法人资格；个人独资企业没有法人资格。

（2）财产所有权和经营权分离程度不同。公司，特别是股份有限公司的财产所有权和经营权是完全分离的；个人独资企业的财产所有权和经营权都是由出资人所控制，是不分离的。

（3）承担责任的方式不同。公司是法人，因此公司的投资人（即股东）以投资额为限，对公司承担的是有限责任；个人独资企业的投资人要对自己投资的独资企业承担无限责任。

（4）出资人的人数不同。公司除一人公司和国有独资公司以外，出资人一般都是二人以上；个人独资企业的投资人只能是一个自然人。

（二）公司和合伙企业的区别

公司和合伙企业的区别主要表现在以下几个方面。

（1）成立的法律基础不同。公司是以公司章程作为成立的基础，公司章程是公司组织和行为的基本准则，是公司的"宪法"，具有公开的对外效力；合伙企业是以合伙协议作为成立的基础，合伙协议是处理合伙人相互之间的权利和义务的内部法律文件，仅具有对内的效力。

（2）出资人之间的关系不同。公司，特别是股份有限公司，股东之间不需要有人身信任关系，彼此的关系并不密切，股东转让股份，法律一般不作干预。有限责任公司，股东之间有一定程度的人身信任关系，如《公司法》规定有限责任公司的股东向股东以外的人转让股权，应当经其他股东过半数同意。合伙企业的全体合伙人之间具有极强的人身信任关系，全体合伙人要共同经营，共担风险，是一种荣辱与共的关系，也正因为此，《合伙企业法》就规定入伙必须要经过全体合伙人的一致同意。

（3）主体地位不同。如前所述，公司具有法人资格，能够以自己所拥有的资产独立地承担法律责任；合伙企业不具有法人资格，因此，合伙企业在经营期间的债务，当合伙企业的资产不足以清偿时，全体合伙人必须要对此承担无限连带责任。

（4）承担责任的方式不同。公司的股东对公司承担的是有限责任；合伙企业的合伙人对自己投资的合伙企业要承担无限责任。

（5）出资的方式不同。合伙企业的出资方式比公司要灵活，公司的股东一般只能以现金、实物、知识产权和土地使用权等方式出资，而合伙人除可以以上述四种方式出资外，还可以劳务、技术、管理经验甚至不作为的方式出资，只要其他合伙人同意即可。

（6）注册资本不同。由于公司是法人，需要自己独立的财产对外承担法律责任，所以《公司法》规定了任何公司成立时都必须要有符合法律规定的最低注册资本金。合伙企业不是法人，不独立地承担法律上的责任，因此法律根本没有必要规定其注册资本。

（7）经营的模式不同。公司的股东不一定都参与公司的经营管理，甚至可以不从事公司的任何营业行为；而合伙人必须要共同从事经营活动，如果其相互之间没有共同经营的目的和行为，纵使他们之间有某种利益上的关联，也绝不是合伙。

五、公司法概述

（一）公司法的概念和调整对象

1. 公司法的概念

公司法是规定公司的设立、组织机构、运营、变更、破产、解散、清算、股东权利与义务和公司内部与外部关系的法律规范的总称。

2. 公司法的调整对象

公司法的调整对象是在公司设立、组织、运营或解散过程中所发生的社会关系。具体有以下几种关系。

（1）公司的内部财产关系，如公司发起人之间、发起人与其他股东之间、股东相互之间、股东与公司之间，在设立、变更、破产或解散过程中所形成的带有经济内容的社会关系。

（2）公司的外部关系，主要是指公司从事与公司组织特征相关的营利性活动，与其他公司、企业或个人之间发生的财产关系。如发行公司债券或公司股票。

（3）公司内部组织管理与协作关系，主要是指公司内部的组织机构，如股东会、董事会、监事会相互之间，公司同公司职员之间发生的管理或协作关系。

（4）公司外部组织管理关系，主要是指公司在设立、变更、经营活动和解散过程中与有关国家经济管理机关之间形成的纵向经济管理关系。如公司的设立审批、登记；股份、公司债券的发行审批、交易管理；公司财务会计的检查监督，等等。

（二）公司法的性质

（1）公司法是兼有公法性质的私法。公司法是商事法律的重要内容，属于私法范畴。所以，公司法要维护股东的意思自治和权利自由，如股东设立何种类型公司、选择何种行业投资、推举何人主持公司业务、股份如何转让等，都是建立在股东意思自治的基础之上的。但在现代经济条件下，为确保社会交易安全和公众利益，大多数国家的公司法都规定了许多具有行业管理性质的强制性规定，带有公法色彩的强制性规定越来越多地渗透到公司法领域。如公司法中有关法定事项的公示主义、公司登记、公司章程中的必要记载事项、法定公积金的强制提取、公司资本的最低限额、公司债券和股票的发行条件等规定，无不显现了国家公权对公司法中有关私权的限制和干预。这表明公司是带有一定公法色彩的私法。

（2）公司法是兼具有程序法内容的实体法。我国公司法着重规定了有限责任公司和股份有限公司的权利、义务的实质内容和范围，这属于实体法范畴。如有关公司内部组织机构、法定代表人、股东、董事、经理、监事的权利、义务和责任的规定，确定了公司中各方当事人在实施公司行为时的实体权利和义务。同时，公司法为确保这些实体权利和义务的实现，还规定了取得、行使实体权利、义务时必须遵守的法律程序。在公司法中实体法的内容是第一位的，程序法的内容是第二位的。

（3）公司法是含有商事行为法的商事组织法。一般而言，公司法首先是一种商事组织法，它通过对公司的法律地位，公司设立的条件和程序，公司议事机关和代表机关的确立，公司股东的权利和义务，公司合并、分离、解散的条件和程序等的规定，完善了公司的法人组织，使其具有独立于公司股东的人格，以便自主地进行经营活动。同时，公司法也规定了与公司组织活动有关的一些公司行为，如募集资本、发行公司股份、公司财务管理等。

第二节　公司基本法律制度

一、公司的设立和登记

公司的设立是指公司设立人依照法定的条件和程序，为组建公司并取得法人资格而必须采取和完成的法律行为。公司的设立不同于公司的设立登记，后者仅是公司设立的最后阶段。

公司的设立也不同于公司成立，两者的主要区别如下。

（1）设立行为发生在公司成立之前，成立发生在公司被依法核准登记之时，成立是设立行为被法律认可后依法存在的一种法律后果。

（2）设立行为发生在发起人之间，是一种私法行为；而成立行为发生在发起人和工商管理机关之间，是一种行政行为，具有公法的性质。

（3）公司在被核准登记前被称为设立中的公司，此时的公司尚无法人资格，其内外关系一般被视为合伙。如公司最终未被核准登记，发起人为设立公司而产生的债权债务关系，类推适用合伙的有关法律规定；如果公司被核准登记，发起人为设立公司所实施的法律行为，其后果由公司承担。

我国《公司法》在 2005 年修订以前对设立有限责任公司基本上采取准则主义，对股份有限公司设立则采取核准主义。这是《公司法》于 1993 年制定时基于当时的背景采取的防止滥设公司的政策。但是我国的市场经济经过多年的发展，再采取这种公司的立法体制显然已经不合时宜，严格的准则主义和核准主义虽然可以预防少数违法者的行为，却为多数投资者设立公司带来不便，不利于鼓励交易，不利于社会经济的发展，也不符合市场经济要求的自由企业制度。因此，在 2005 年《公司法》修订后，以方便投资者设立公司的政策代替了防止滥设公司为主旨的立法政策，其最突出的体现就是对所有公司的设立均采取准则主义，取消了以前对股份有限公司的设立所采取的核准主义。不仅如此，《公司法》在公司设立的条件、方式、程序等方面的法律规定也充分体现了自由设立和方便设立公司的立法宗旨。例如《公司法》降低了公司设立时的注册资本的最低限额；减少了公司设立中不必要的限制内容，允许公司股东、发起人分期缴纳出资；允许设立一人公司，等等。

根据 2013 年 12 月 28 日第十二届全国人民代表大会常务委员会第六次会议第三次修订、于 2014 年 3 月 1 日起实施的《公司法》，取消了公司设立时的注册资本的最低限额、分期缴纳出资等规定，进一步放宽了公司设立的条件。

（一）公司设立的方式

公司设立的方式，基本上可以分为两种，即发起设立和募集设立。

1. 发起设立

发起设立，又称为同时设立、单纯设立等，是指公司的全部资本由发起人全部认购，不向发起人之外的任何人募集而设立公司。

有限责任公司只能采取发起设立的方式，由全体股东出资设立。有些股份有限公司也可以采取这样的设立方式设立公司。我国《公司法》第七十七条明确规定，股份有限公司既可以采取发起设立的方式，也可以采取募集设立的方式。发起设立在程序上比较简便。

2. 募集设立

募集设立，又称为渐次设立、复杂设立，是指发起人不能认足公司的资本总额，其余的部分向外公开募足而设立公司。

我国《公司法》第七十七条第三款规定："募集设立，是指由发起人认购公司应发行股份的一部分，其余股份向社会公开募集或者向特定对象募集而设立公司。"所以，募集设立既可以是通过向社会公开发行股票的方式设立，也可以是不发行股票而只向特定对象募集而设立。募集设立的方式只能是股份有限公司的设立方式之一，有限责任公司的设立根据《公司法》的有关规定，只能采取发起设立的方式。由于募集设立的股份有限责任公司资本的规模较大，涉及众多投资者的利益，所以各国对采取募集设立方式设立公司的一般都会规定较为严格的设立条件和程序，如为了防止发起人完全凭借他人资本设立公司，损害一般投资者的利益，各国大多规定了发起人认购的股份在公司股本总数中应占的比例。如我国《公司法》第八十四条规定"以募集设立方式设立股份有限公司的，发起人认购的股份不得少于公司股份总数的百分之三十五；但是，法律、行政法规另有规定的，从其规定。"

（二）公司设立的条件

设立公司必须要具备一定的条件，依照法律的有关规定，设立公司必须具备的法定条件是发起人、资本和设立行为。

1. 发起人

发起人，也称为创办人，是指订立创办公司协议，提出设立公司申请，向公司出资或认购公司股份，并对公司设立承担责任的人。设立任何公司，都必须要有发起人或创办人。由于发起人或创办人要向公司出资，因此，这些人在公司成立以后就成为公司的首批股东。

（1）发起人的资格限制。①发起人的身份限制。一般来说，发起人可以是自然人，也可以是法人。自然人作为发起人，应当是完全具有完全行为能力的人；法人作为发起人，应当是法律上不受限制的人。②发起人住所的要求。我国《公司法》第七十八条规定："设立股份有限公司，应当有二人以上二百人以下为发起人，其中须有半数以上的发起人在中国境内有住所。"西方国家对发起人的住所一般没有限制性的规定。

（2）发起人人数的限制。由于公司是社团法人，是人的组合，因此世界上许多国家的公司都规定发起人应当是二人以上。我国《公司法》规定，有限责任公司的股东可以是一人，最多不超过五十人；股份有限责任公司的发起人应当是二人以上，二百人以下。

2. 资本

资本，也称为股本，是指全体发起人或股东认缴的股金总额。公司资本是公司生产经营的物质基础，也是公司债务的总担保。因此，资本是公司设立不可缺少的条件之一。公司资本一般由有形资产（如现金、机器、厂房等）和无形资产（如知识产权、土地使用权等）构成。另外，新修改的《公司法》取消了设立公司最低注册资本的限制，但法律另有规定的除外。

3. 设立行为

设立行为，是指公司的创办人为设立公司而进行的一系列连续性的准备行为。这些行为一般包括章程的制定、股东的确立、出资的履行、机关的确定和申请登记注册等行为。

（三）公司的设立登记

公司的设立登记是指公司设立人按法定的程序向公司登记机关申请，经公司登记机关审核并记录在案，以供公众查阅的行为。设立公司设立登记制度，旨在巩固公司的信誉并保障社会交易的安全。在我国，公司进行设立登记，应向各级工商行政管理机关提出申请，并遵守《市场主体登记管理条例》的有关规定。

1. 公司名称的预先核准

设立公司应当向公司登记机关申请名称的预先核准。其中，法律、行政法规或者国务院规定设立公司必须报经批准，或者公司经营范围中属于法律、行政法规或者国务院规定在登记前必须经批准的项目的，应当在报送批准前办理公司名称预先核准，并以公司登记机关核准的公司名称报送批准。

设立有限责任公司，应当由全体股东指定的代表或者共同委托的代理人向公司登记机关申请名称的预先核准。设立股份有限公司应当由全体发起人指定的代表或共同委托的代理人向公司登记机关申请名称的预先核准。

申请名称的预先核准，应当提交下列文件。

（1）有限责任公司的全体股东或股份有限公司的全体发起人签署的公司名称预先核准申请书。

（2）全体股东或发起人定代表或者共同委托代理人的证明。

（3）国家工商行政管理总局规定要求提交的其他文件。

预先核准的公司名称保留期为 6 个月，预先核准的公司名称在保留期内不得用于从事经营活动，不得转让。

公司名称一般由以下四个部分构成。

（1）公司的组织形式。公司名称中必须标明其组织的形式，不能只标明公司。《公司法》第八条的规定："依照本法设立的有限责任公司，必须在公司名称中标明有限责任公司或者有限公司字样。依照本法设立的股份有限公司，必须在公司名称中标明股份有限公司或者股份公司字样。"

（2）具体名称。对这一部分的内容也要依法确定，对于法律、行政法规禁止使用的名称，公司不得采用。例如，对国家、社会或公共利益有损害的名称、外国国家名称、国际组织的名称等，都不得作为公司的名称使用。

（3）公司的营业种类。法律对此没有强制性的规定，一般是要求公司名称应当与其营业规模和营业种类相适应。

（4）公司所在地的名称。

公司的合法名称受法律的保护。任何人不得擅自使用公司的名称。公司的名称经过公司登记机关登记后，公司享有专用权。一个公司应当只有一个名称。

2．公司设立登记程序

公司设立人首先应当向其所在地工商行政管理机关提出申请。设立有限责任公司应当由全体股东指定的代表或共同委托的代理人作为申请人；设立股份有限公司应当以董事会作为申请人。

申请设立有限责任公司应当向公司登记机关提交下列文件。

（1）公司法定代表人签署的设立登记申请书。

（2）全体股东指定代表或者共同委托代理人的证明。

（3）公司章程。

（4）法律、行政法规有规定的相关证明。

（5）股东首次出资是非货币财产的，应当在公司设立登记时提交已经办理其财产权转移手续的证明文件。

（6）股东主体的资格证明或者自然人身份证明。

（7）载明公司董事、监事、经理的姓名、住所的文件，以及有关委派、选举或者聘用的证明。

（8）公司法定代表人的任职文件和身份证明。

（9）企业名称预先核准通知书。

（10）公司住所证明。

（11）国家工商行政管理总局规定要求提交的其他文件。

申请设立股份有限公司，应当向公司登记机关提交下列文件。

（1）公司法定代表人签署的设立登记申请书。

（2）董事会指定代表或共同委托代理人的证明。

（3）公司的章程。

（4）发起人首次出资是非货币财产的，应当在公司设立时提交已经办理其财产权转移手续的证明文件。

（5）发起人主体资格证明或自然人身份证明。

（6）载明公司董事、监事、经理姓名、住所的文件以及有关委派、选举或聘用的证明。

（7）公司法定代表人任职文件和身份证明。

（8）公司名称的预先核准通知书。

（9）公司住所证明。

（10）国家规定要求提交的其他文件。

其中，以募集的方式设立股份有限公司的，还应当提交创立大会的会议记录；以募集方式设立股份有限公司公开发行股票的，还应当提交国务院证券监督管理机构的核准文件。法律、行政法规或者国务院决定规定设立股份有限公司必须报经批准的，还应当提交有关批准文件。对于公司申请登记的经营范围中属于法律、行政法规或者国务院决定规定在登记前必须要报经批准的项目的，应当在申请登记前报经国家有关部门的批准，并向公司登记机关提交有关批准文件。

3. 公司设立登记法律效力

《市场主体登记管理条例》第 25 条规定："依法设立的公司，由公司登记机关发给《企业法人营业执照》。营业执照签发的日期为公司成立的日期。公司可以凭公司登记机关核发的《企业法人营业执照》刻制印章，开立银行账户，申请纳税登记。"由此可见，公司经设立登记的法律效力就是使公司取得法人资格，进而取得从事经营活动的合法身份。

二、公司章程

（一）公司章程的概念和特征

公司章程是指公司所必备的，规定公司名称、宗旨、资本、组织机构等对内对外事务的基本法律文件。公司章程作为规范公司的组织和活动的基本规则，在公司存续期间具有重要意义。

公司章程具有以下几个法律特征。

（1）法定性。法定性是强调公司章程的法律地位、主要内容和修改的程序、效力等都由法律强制规定，任何公司都不得违反。公司章程是公司设立的必要条件之一，无论是设立有限责任公司，还是设立股份有限公司，都必须由全体股东或发起人订立公司章程，并且在公司设立登记时提交公司登记机关进行登记。

（2）真实性。真实性主要强调公司章程记载的内容必须是客观存在的，与实际的事实相符。

（3）自治性。自治性主要体现在：其一，公司章程作为一种行为规范，不是由国家而是由公司依法自行制定的，是公司股东意思表示一致的结果；其二，公司章程是一种法律以外的行为规范，由公司自己来执行，无须国家强制力来保证执行；其三，公司章程作为公司的内部规范，其效力仅及于公司和相关当事人，而不具有普遍的约束力。

（4）公开性。主要对于股份有限公司而言。公司章程不仅要对社会投资人公开，而且还要对包括债权人在内的一般社会公众公开。

（二）公司章程的制定

公司章程的制定通常有两种方式：一是共同订立，是指由全体股东或发起人共同起草、协商订立公司章程，否则公司章程不生效；二是部分订立，是指由股东或发起人中的成员负责起草、制定公司章程,而后再经其他股东或发起人签字同意的制定方式。

公司章程必须采取书面形式，经全体股东同意并在章程上签名盖章，公司章程才能生效。需要注意的是，公司章程的制定或者变更并不是以工商登记为生效条件。

根据《公司法》第二十三条第三项规定，有限责任公司的公司章程由全体股东制定。《公司法》第七十六条第四项规定，股份有限公司的公司章程由发起人制订，采用募集方式设立的经创立大会通过。

（三）公司章程的内容

公司章程的内容是指公司章程所记载的事项。公司章程的具体内容可因公司的种类、公司经营的范围、公司经营方式的不同而有所区别，一般可以归为以下三类。

（1）绝对必要记载事项。公司章程中绝对必要记载事项，是指法律规定公司章程中必须记载的事项。对于绝对必要记载事项，公司有义务一一记载，没有权利做出自由选择。如果缺少其中任何一项或任何一项记载不合法，将会导致整个章程无效。

（2）相对必要记载事项。公司章程中的相对必要记载事项，是指法律列举了某些事项，但这些事项是否记入了公司章程，全由章程制定者决定。相对必要记载事项，非经章程记载，不会产生法律效力。

（3）任意记载事项。公司章程中的任意记载事项，是指法律并无明文规定，但公司章程的制定者认为需要协商记入公司章程，以便使公司能更好运转且不违反强行法的规定和公序良俗的事项。如公司存续期间，股东会的表决程序，变更公司的事由，董事、经理、监事、高级管理人员的报酬，等等。

（四）我国《公司法》对公司章程内容的规定

我国《公司法》第二十五条和第八十一条分别规定了有限责任公司和股份有限公司的章程应当载明的事项。

（1）有限责任公司章程的绝对必要记载事项。有限责任公司的章程应当载明下列内容：① 公司名称和住所；② 公司经营范围；③ 公司注册资本；④ 股东的姓名或者名称；⑤ 股东的出资方式、出资额和出资时间；⑥ 公司的机构及其产生办法、职权、议事规则；⑦ 公司法定代表人；⑧ 股东会会议认为需要规定的其他事项。

（2）股份有限公司章程的绝对必要记载事项。股份有限公司的章程必须载明下列事项：① 公司名称和住所；② 公司经营范围；③ 公司设立方式；④ 公司股份总数、每股金额和注册资本；⑤ 发起人的姓名或者名称、认购的股份数、出资方式和出资时间；⑥ 董事会的组成、职权和议事规则；⑦ 公司法定代表人；⑧ 监事会的组成、职权和议事规则；⑨ 公司利润分配办法；⑩ 公司的解散事由与清算办法；⑪ 公司的通知和公告办法；⑫ 股东大会会议认为需要规定的其他事项。

（五）公司章程的效力

《公司法》第十一条规定："设立公司必须依法制定公司章程。公司章程对公司、股东、董事、监事、高级管理人员具有约束力。"

（1）公司章程对公司的效力。公司章程对公司的效力表现在公司自身的行为要受到公司章程的约束。具体来说，表现在以下几个方面：一是公司应当依照公司章程规定的办法，产生权力机构、业务执行机构、经营意思决定机构、监督机构等公司的组织机构，并按照公司章程规定的权限范围行使职权；二是公司应当使用公司章程上规定的名称，而且在公司章程确定的经营范围内从事经营活动；三是公司依照公司章程的规定对公司股东负有义务，股东的权利如果受到公司侵犯时，可以依法对公司起诉。

（2）公司章程对股东的效力。公司章程是由公司股东制定的，并对股东具有约束力。这种约束力不仅限于起草、制定公司章程的股东，而且对后来加入公司的股东也同样具有约束力。公司章程对股东的效力主要表现在股东依照章程规定享有权利和承担义务。如股东有权出席股东会、行使表决权、转让出资、查阅有关公开资料、获取股息红利等；同时，股东也要承担应尽的义务，如缴纳所认缴的出资，并负有公司章程上所规定的其他义务。

（3）公司章程对董事、监事和高级管理人员的效力。公司章程对董事、监事和高级管理人员的效力表现在这些人员必须遵守公司章程，依照法律和公司章程的规定行使职权。如果董事、监事和高级管理人员的行为超出公司章程对其职权规定的范围，其应当就自己的行为对公司负责。

（六）公司章程的变更

公司章程的变更是指已经生效的公司章程的修改。原则上公司章程所记载的事项，只要是必要的，就可以变更，但公司章程的修改必须遵循下列原则：其一，不损害股东原则；其二，不损害债权人利益原则；其三，不妨碍公司法人一致性原则，即不得因公司章程的变更，而使一个公司法人转变为另一个公司法人。

就公司章程变更的程序而言，首先，由董事会提出修改公司章程的提议；其次，将修改公司章程的提议通知其他股东；最后，由股东会或股东大会表决通过。

我国《公司法》第四十三条第二款规定，有限责任公司修改公司章程的决议，必须经代表三分之二以上表决权的股东通过。《公司法》第一百零三条第二款规定，股份有限公司修改公司章程的决议，必须经出席股东大会的股东所持表决权的三分之二以上通过。公司章程变更后，公司董事会应向工商行政管理机关申请变更登记。

三、公司资本

（一）公司资本的含义

公司资本也称为公司股本，在公司法上的含义是指由公司章程确认并载明的、全体股东的出资总额。公司资本的具体形态有以下几种。

（1）注册资本。注册资本，即狭义上的公司资本，是指公司在设立时筹集的、由公司章程载明的、经公司登记机关登记注册的资本。《公司法》第二十六条规定，有限责任公司的注册资本为在公司登记机关登记的全体股东认缴的出资额。《公司法》第八十条规定，股份有限公司采取发起设立方式设立的，注册资本为在公司登记机关登记的全体发起人认购的股本总额。股份有限公司采取募集设立方式设立的，注册资本为在公司登记机关的实收股本总额。

（2）发行资本。发行资本又称为认缴资本，是指公司实际上已经向股东发行的股本总额。发行资本可能等于注册资本，也可能小于注册资本。实行法定资本制的国家公司章程所载明的资本应当一次全部认足，因此，发行资本一般等于注册资本。但股东在全部认足资本后，可以分期缴纳股款。实行授权资本制的国家一般不要求注册资本都能得到发行，所以它小于发行资本。

（3）认购资本。认购资本是指出资人同意缴付的出资总额。

（4）实缴资本。实缴资本又称为实收资本，是指公司在成立时实际收到的股东出资总额。

它是公司现实拥有的资本。由于股东认购股份后，可能一次全部缴清，也可能在一定的期限内分期缴纳，因此，实缴资本可能等于或者小于注册资本。

我国新修订的《公司法》对于公司资本实行的是一定程度上的授权资本制，即允许公司成立时股东只实际缴付一部分资本，其余的认缴资本在公司成立后缴清即可。所以，《公司法》中的公司的注册资本等于公司成立时全体股东认缴的出资额，但公司成立时的实缴资本可能小于注册资本。

（二）公司资本的原则

公司资本的原则是指由公司法所确认的在公司设立、营运以及管理的整个过程中，为了确保公司资本的真实、安全而必须遵循的法律准则。传统公司法所确认的三项资本原则最为重要，即资本确定原则、资本维持原则和资本不变原则。

1. 资本确定原则

资本确定原则是指公司设立时应在章程中载明的公司资本总额，并由发起人认足或者募足，否则公司不得成立。现在世界上很少有国家严守此项原则。如前所述，我国公司法修改以前是实行严格的资本确定原则，即要求公司资本于公司成立之时全部募足并全部缴足，并要经过法定的验资机构验资，但新修订的公司法已经对此做了修改。资本确定原则的具体实现方式，不同的国家规定了不同的制度。

（1）法定资本制。该项制度是指公司资本总额必须在章程中载明，而且公司在设立时必须要一次性全部缴清，否则，公司不能成立。法定资本制的优点在于可以保证公司资本的充实、可靠；法定资本制的缺点在于不能保证公司的及时设立，会造成财富的浪费。

（2）授权资本制。这是在英美法系国家广泛采用的一种资本确定原则的实现方式。这项制度规定，公司在设立时只需满足公司章程规定资本的一定比例，公司即可成立，其余部分则授权董事会在公司成立后根据业务的需要随时募集。这项制度的好处在于，可以使公司及时成立，公司设立后的资金运作也较为便捷，但是它不能保证公司资本的充实、可靠。在其他法律制度不健全的情况下，债权人的利益可能得不到可靠的保证。

（3）折中资本制。法定资本制比较苛刻，授权资本制过于宽松，能否有取两者之长，避其之短的资本制度存在呢？于是折中资本制就产生了。折中资本制要求公司章程规定的资本总额只需达到一定的比例，公司即可成立，但是它规定了第一次最低要达到的比例数或资本总额数，其余部分在公司设立后由董事会根据需要随时筹集，同时规定了最后一期资本筹集的最长时间，如果公司剩余资本在法定的时间内没有筹集完毕，公司可能面临解散。

2. 资本维持原则

资本维持原则又称为资本充实原则，是指公司在其存续期间应当保持与其资本额相当的财产。

这一原则是针对公司资本的虚空而设立的，其目的就是为了最大限度地保护债权人的利益，同时也是为了保证公司能开展正常的经营活动。我国公司法贯彻了资本维持原则的要求，规定了若干强制性规范以确保公司拥有充足的财产。

（1）股东不得抽回出资。公司股东出资后，其对投资财产的所有权便让渡给公司，以换取股份。《公司法》第三十五条规定："公司成立后，股东不得抽逃出资。"《公司法》第九十一条规定："发起人、认股人缴纳股款或者交付抵作股款的出资后，除未按期募足股份、发起人未按期召开创立大会或者创立大会决议不设立公司的情形外，不得抽回其股本。"第二百条规定："公司的发起人、股东在公司成立后，抽逃其出资的，由公司登记机关责令改正，处以所抽逃出资金额百分之五以上百分之十五以下的罚款。"

（2）先行弥补亏损。《公司法》第一百六十六条第二款规定："公司的法定公积金不足以弥补以前年度亏损的，在依照前款规定提取法定公积金之前，应当先用当年利润弥补亏损。"

（3）转投资的限制《公司法》第十五条规定："公司可以向其他企业投资；但是，除法律另有规定外，不得成为对所投资企业的债务承担连带责任的出资人。"

（4）有限责任的初始股东对现金以外的出资价值负有保证责任。《公司法》第三十条规定："有限责任公司成立以后，发现作为设立公司出资的非货币财产的实际价额显著低于公司章程所定价额的，应当由交付该出资的股东补足其差额；公司设立时的其他股东承担连带责任。"

（5）提取法定公积金。《公司法》第一百六十六条第一款规定："公司分配当年税后利润时，应当提取利润的百分之十列入公司法定公积金。公司法定公积金累计额为公司注册资本的百分之五十以上的，可以不再提取。"

（6）无利润不得分配股利。我国公司法允许分配的是税后利润，即要求无利润不得分配股利。

（7）股票发行的价格不得低于其票面的面值。《公司法》第一百二十七条规定："股票发行价格可以按票面金额，也可以超过票面金额，但不得低于票面金额。"

（8）公司不得回购本公司的股份。《公司法》第一百四十二条第一款规定："公司不得收购本公司股份。但是，有下列情形之一的除外：（一）减少公司注册资本；（二）与持有本公司股份的其他公司合并；（三）将股份用于员工持股计划或者股权激励；（四）股东因对股东大会作出的公司合并、分立决议持异议，要求公司收购其股份；（五）将股份用于转换上市公司发行的可转换为股票的公司债券；（六）上市公司为维护公司价值及股东权益所必需。"

（9）公司不得接受本公司的股票质物。根据《公司法》第一百四十二条第五款规定："公司不得接受本公司的股票作为质押权的标的。"

3. 资本不变原则

资本不变原则是指公司资本一旦确定，非经过法定程序，不得任意地改变。其目的是为了保证公司经营的生命力和发展前途以及维护债权人的利益，所以公司资本不论增加或者减少，法律都规定了严格的条件和程序，这一原则主要限制公司资本的随意减少。

我国公司法主要对公司资本的减少做出了严格的限制。这些表现有：须编制资产负债表和财产清单；须经过股东会或者股东大会做出决议；须于减资决议后的法定期限内向债权人发出通知并且公告；债权人有权在法定期限内要求公司清偿债务或者提供相应的担保；公司减少注册资本后数额不得低于法定的最低限额；须向公司的登记机关办理变更登记。

四、公司股东

（一）公司股东的权利

股东是指向公司出资、持有公司股份、享有公司股东权利和承担股东义务的人。股东可以是自然人，也可以是法人、非法人组织，甚至可以是国家。

（1）股东权的特征。股东权具有下列特征：① 股东权的内容具有综合性。公司法理论将股东权分为自益权和共益权。自益权一般属于财产性的权利，如股息或红利分配请求权、新股优先认购权、剩余财产分配权、股份转让权等。共益权则是公司事务参与权，如表决权、公司文件的查阅权、召开临时股东会请求权、对董事及高级职员的监督权等。从公司的本质上来讲，公司对股东来说，只不过是其谋取利润的工具，因而自益权是目的性权利，而共益权是手段性权利。② 股权是股东通过出资所形成的权利。出资者通过向公司出资，以丧失其出资财产所有权为代价，换取股权，成为公司股东。③ 股东权是一种社员权。股东出资创办作为社团法人的公司，成为该法人成员，因而取得社员权。

（2）股东权的内容。我国《公司法》第四条规定，公司股东依法享有资产收益、参与重大决策和选择管理者等权利。除该条之外，《公司法》还在许多其他条文中都规定了股东的具体权利。股东的权利归纳起来可以分为以下几种：① 发给股票或其他股权证明请求权；② 股份转让权；③ 股息红利分配请求权；④ 股东会临时召集请求权或自行召集权；⑤ 出席股东会并行使表决权；⑥ 对公司财务的监督检查权和会计账簿的查阅权；⑦ 公司章程和股东会、股东大会会议记录、董事会会议决议、监事会会议决议的查阅权和复制权；⑧ 优先认购新股权；⑨ 公司剩余财产分配权；⑩ 权利损害救济权和股东代表诉讼权等。

（二）公司股东的义务

（1）全体股东的共同义务。作为公司股东，应当根据出资协议、公司章程和法律、行政法规的规定，履行相应的义务。这些义务主要有：① 出资义务。这是股东最为重要的义务。股东应当根据出资协议和公司章程的规定，履行向公司出资的义务。出资协议或者公司章程约定出资须一次性缴纳的，股东应当一次性足额缴纳；约定公司成立以后分期缴纳的，股东应当按照约定的期限按时缴纳出资。对以实物，特别是不动产、设备和知识产权等出资的，股东应当依照相关规定办理财产权转移手续，使公司取得出资物的合法权利并能有效行使该权利。股东逾期缴纳出资的，应当向已履行出资义务的股东承担违约责任。对于已经缴纳给公司的出资，股东不得抽回。② 参加股东会会议的义务。参加股东会会议既是股东的权利，同时也是股东的义务。股东应当按照公司机构通知的时间、地点参加股东会，不能亲自参加时可以委托其他人参加股东会会议并行使表决权。③ 不干涉公司正常经营的义务。股东依照公司章程规定的有关股东会或股东大会的权限以及《公司法》规定的股东权利行使权利，不得干涉董事会、经理的正常经营管理活动，不得干涉监事会的正常工作。④ 特定情形下的表决权禁止义务。《公司法》第十六条第二、三款规定，公司为公司股东或者实际控制人提供担保的，必须经过股东会或者股东大会决议，被提供担保的股东或者受被提供担保的实际控制人支配的股东，不得参加关于该事项的股东会或者股东大会决议的表决。⑤ 不得滥用股东权利的义务。

（2）控股股东的义务。控股股东是指其出资额占有限责任公司资本总额 50% 以上，或者其持有的股份占股份有限公司股本总额 50% 以上的股东；出资额或者持有股份的比例虽然不足 50% 以上的股东，但其出资额或者持有的股份所享有的表决权已足以对股东会、股东大会的决议产生重大影响的股东。控股股东的义务主要表现在：① 不得滥用控股股东的地位损害公司和其他股东的权利。② 不得利用其关联关系损害公司利益。关联关系是指公司的控股股东、实际控制人、董事、监事、高级管理人员与其直接或者间接控制的企业之间的关系，以及可能导致公司利益转移的其他关系。③ 滥用股东权利的赔偿义务。

（三）股东代表诉讼制度

1. 股东代表诉讼制度的概念

股东代表诉讼制度是指当公司的合法权益受到不法侵害而公司却怠于起诉时，公司的股东就可以自己的名义起诉，所获赔偿归于公司的一种制度。我国《公司法》第一百四十九条规定，董事、监事、高级管理人员执行公司职务时违反法律、行政法规或者公司章程的规定，给公司造成损失的，应当承担赔偿责任。在发生该条规定的情形时，公司法接着在第一百五十一条规定："董事、高级管理人员有本法第一百四十九条规定的情形的，有限责任公司的股东、股份有限公司连续一百八十日以上单独或者合计持有公司百分之一以上股份的股东，可以书面请求监事会或者不设监事会的有限责任公司的监事向人民法院提起诉讼；监事有本法第一百四十九条规定的情形的，前述股东可以书面请求董事会或者不设董事会的有限责任公司的执行董事向人民法院提起诉讼。监事会、不设监事会的有限责任公司的监事，或者董事会、执行董事收到前款规定的股东书面请求后拒绝提起诉讼，或者自收到请求之日起三十日内未提起诉讼，或者情况紧急、不立即提起诉讼将会使公司利益受到难以弥补的损害的，前款规定的股东有权为了公司的利益以自己的名义直接向人民法院提起诉讼。"除此之外，该条还规定，他人侵犯公司合法权益，给公司造成损失的，上述股东可以依照前述规定向人民法院提起诉讼。

2. 股东代表诉讼制度的特征

股东代表诉讼具有以下几个方面的特征。

（1）救济对象方面，股东代表诉讼所要救济的对象是被公司董事、经理、监事或者其他人侵害的公司权力和利益，而不是提起诉讼的股东个人。公司是直接的受害人，股东则是间接的受害人。这一点有别于股东的直接诉讼，在股东直接诉讼中，被侵害的利益是股东个人的权利和利益。

（2）诉因方面，股东代表诉讼的诉因并非是股东个人权利受到侵害或个人利益发生纠纷，而是公司利益受到侵害。真正实体意义上的诉权应当属于公司，原告股东只是以代表人的资格代行公司的诉权。

（3）诉讼当事人方面，在股东代表诉讼中，股东是以自己的名义提起诉讼，即股东具有原告资格，被告是实施侵害公司利益的行为人。

（4）诉讼效果方面，股东代表诉讼的后果由公司承担，归于公司，而不是提起诉讼的股东。

五、公司债券

（一）公司债券的概念、特征和种类

1. 公司债券的概念和特征

公司债券是指公司依照法定的条件和程序发行的，约定在一定期限内还本付息的有价证券。

从我国《公司法》的规定来看，公司债券具有下列特征：① 公司债券是由股份有限公司和有限责任公司发行的债券。② 公司债券是公司以借贷的方式向公众筹集资金，具有利率固定、风险较小、易于吸收投资者的优点。③ 公司债券是要式证券，其制作必须依照《公司法》第一百五十四条的规定，记载公司名称、债券票面金额、利率、偿还期限等事项，并由董事长签名，公司签章。④ 公司债券是一种有价证券。公司债券持有人是公司的债权人，享有按照约定期限取得利息、收回本金的权利；发行债券的公司作为向社会公众借债的债务人，负有按照约定期限向债券所有人还本付息的义务。公司债券作为一种有价证券，可以自由流通、抵押和转让。⑤ 公司债券持有人具有广泛性，可以向社会公众公开募集。

2. 公司债券的种类

（1）根据是否在公司债券上记载债权人的姓名为标准，可将公司债券划分为记名公司债券和无记名公司债券。我国目前已经发行的公司债券，绝大多数是无记名公司债券。

（2）根据公司债券是否能转换成股权为标准，可将公司债券划分为可转换公司债券和非转换公司债券。可转换公司债券其实是给公司债权人一种选择权，当债券清偿期满时，债权人可以要求收回本金、取得固定利息，也可以选择要求以其享有的债权抵缴认股款而取得公司股份，从而成为公司股东。

根据我国《公司法》的规定，只有上市公司才可申请发行可转换公司债券。发行可转换公司债券，应当在债券上表明"可转换公司债券"字样，并在公司债券存根簿上载明可转换公司债券的数额。公司应当按照约定的转换办法向债券持有人换发股票，但公司债券持有人可以选择是否将公司债券转换为公司股票。

（3）根据公司发行债券时是否提供偿还本息的担保为标准，可将公司债券划分为有担保公司债券和无担保公司债券。

（二）公司债券的发行

1. 发行公司债券的条件

有限责任公司和股份有限公司都可以发行公司债券。《中华人民共和国证券法》(简称《证券法》)规定了公司发行债券的一系列的条件，公开发行公司债券筹集的资金，必须用于核准的用途，不得用于弥补亏损和非生产性支出。上市公司发行可转换为股票的公司债券，除应当符合《证券法》规定的条件以外，还应当满足《证券法》规定的有关股票公开发行的条件，并报国务院证券监督委员会核准。

2. 发行证券的程序

依照我国《公司法》和《证券法》的相关规定，公司发行证券应当依照下列程序进行。

（1）做出决议或决定。股份有限公司、有限责任公司发行公司债券，要由董事会制订发行公司债券的方案，提交股东会或者股东大会审议做出决议。国有独资公司发行公司债券，由国有资产监督管理部门做出决定。

（2）提出申请。公司应当向国务院证券监督管理部门提出发行公司债券的申请，并提交相关的文件。

（3）经主管部门的核准。国务院证券管理部门对公司提交发行公司债券的申请进行审查，对符合《公司法》规定的予以核准；对不符合《公司法》规定的不予核准。

（4）与证券商签订承销协议。

（5）公告公司债券的募集办法。发行公司债券的申请得到核准后，应当公告公司债券募集办法。公司债券募集办法中应当载明下列主要事项：公司名称；债券募集资金的用途；债券总额和债券的票面金额；债券利率的确定方式；还本付息的期限和方式；债券担保的情况；债券的发行价格、发行的起止日期；公司的净资产额；已发行的尚未到期的公司债券总额；公司债券的承销机构。

（6）认购公司债券。社会公众认购公司债券的行为称为应募，应募的方式可以是先填写应募书，而后履行按期缴清价款的义务，也可以是当场以现金的方式购买。当认购人缴足价款时，发行人负有交付公司债券的义务。

（三）公司债券的转让

按照《公司法》的规定，公司债券可以转让。其中，公司债券在证券交易所上市交易的，按照证券交易所的交易规则转让。

证券交易的价格由转让人与受让人协商约定。公司债券的转让因记名债券和无记名债券而有所不同。

（1）记名公司债券的转让。记名公司债券由债券持有人以背书的方式或者法律、行政法规规定的其他方式转让。记名公司债券的转让要由公司将受让人的姓名或者名称及住所记载于公司债券存根簿。

（2）无记名公司债券的转让。无记名公司债券的转让，由债券的持有人将该债券交付给受让人后即发生转让的效力。

六、公司的财务、会计和利润分配

（一）公司的财务会计概述

我国《公司法》第一百六十三条规定："公司应当依照法律、行政法规和国务院财政部门的规定建立本公司的财务、会计制度。"依照这一规定，公司均应当按照《公司法》《中华人民共和国会计法》和经国务院批准财政部颁布的《企业财务通则》《企业会计准则》，建立本公司的财务、会计制度。公司的财务、会计制度主要包括两个方面的内容：一是财务会计报告制度，即公司应当依法编制财务会计报表和制作财务会计报告。二是收益分配制度，即公司的年度分配，应当依照法律规定及股东会决议，将公司利润用于缴纳税款、提取公积金和公益金以及进行红利分配。

（二）公司的财务会计报告

公司的财务会计报告是指公司业务执行机构在每一个会计年度终了时制作的反映公司财务会计状况和经营效果的书面文件。

1. 公司财务会计报告的内容

（1）资产负债表。这是反映公司在某一特定日期财务状况的报表。它是根据"资产＝负债＋所有者（股东）权益"这一会计公式，根据资产、负债和所有者权益分项列示并编制而成的。资产负债表为人们提供公司在一定时期内的静态的财务状况，可以使人们了解公司在某一特定时点上的资本构成、公司的负债以及投资者拥有的权益。由此可以评价公司的变现能力和偿债能力，考核公司资本的保值增值情况，预测公司本来的财务状况变动趋势。

（2）损益表。损益表是反映公司在一定时期的收入、费用和净利，说明其经营成果的报表，是计算一定时期内损失和收益的动态会计报表。

损益表以收入、费用、利润三个会计要素为基础，向人们提供一定时期内公司营业是盈余还是亏损的实际情况。人们可以利用该表分析公司利润增减变化的原因，评价公司的经营成果和投资价值，因此在评价投资和信用的价值、估算管理的成功程度等经济决策中，损益表一般被认为是最重要的会计报表。

（3）财务状况变动表。财务状况变动表又称为资金来源和运用表，也称为资金表。它根据公司在一定会计期间内各种资产、负债和所有者权益的增减变化，分析反映资金的取得来源和流出用途，说明财务状况情况的会计报表，是反映公司资金运动的动态报表。

财务状况变动表可以弥补资产负债表和损益表的不足，是联络资产负债表和损益表的桥梁，它可以向人们提供在一定会计期间内财务状况变动的全貌，说明资金变化的原因，使人们可以通过分析财务状况变动表，了解公司流动资金的流转情况，判断公司经营管理水平的高低。

（4）财务状况说明书。财务状况说明书是对财务会计报表所反映的公司财务状况做进一步的说明和补充的文件。它主要说明：公司的营业情况、利润的实现和分配情况、资金增减和周转情况、税金缴纳情况；对本期或者下期财务状况发生重大影响的事项；资产负债表日后至报出财务报告前发生的对公司变动有重大影响的事项；其他需要说明的事项。

（5）利润分配表。利润分配表是反映公司利润分配和年末分配情况的报表，它是损益表的附属明细表。利润分配表通常按税后利润、可供分配利润、未分配利润分项列示。

2．财务会计报告的提供

财务会计报告制作的主要目的是向有关人员和部门提供财务会计信息，满足有关各方了解公司财务会计状况和经营成果的需要。因此，公司的财务会计报告应当及时报送有关人员和部门。有限责任公司应当按照公司章程规定的期限将财务会计报告送交各股东。股份有限公司的财务会计报告应当在召开股东大会年会的 20 天以前置备于本公司，供股东查阅。以募集设立方式成立的股份有限公司必须公告其财务会计报告。依照有关法律的规定，公司财务会计报告要报送有关国家行政部门，以接受其管理和监督。

（三）公司的收益分配制度

1. 公司的收益分配顺序

依照我国《公司法》的相关规定，公司当年税后利润分配的法定顺序是：① 弥补亏损，即在公司已有的法定公积金不足以弥补上一年的亏损时，先用当年利润弥补亏损。② 提取法定公积金，即应当提取税后利润的 10% 列入公司的法定公积金。法定公积金累计额为公司注册资本的 50% 以上的，可以不再提取。③ 提取任意公积金，即经股东会或者股东大会的决议，提取任意公积金，任意公积金的提取比例由股东会或者股东大会决定。任意公积金不是必须提取的，是否提取以及提取的比例由股东会或股东大会决议决定。④ 支付股利，即在公司弥补亏损和提取公积金后，所余利润应当分配给股东。

2. 股东利润的分配

分配利润是公司股东最为重要的权利，也是股东投资公司的目的所在。股东从公司所分配的利润成为红利、股利或股息。公司只能在弥补亏损和提取法定公积金之后，才能将所余利润分配给股东。这表明公司向股东分配股利，必须以有这种盈余为条件。

有限责任公司股东分配红利的原则是按照实缴的出资比例。但是如果全体股东通过出资协议、公司章程或者其他方式约定不按出资比例分配红利的，该约定具有法律效力，依照该约定分配红利，而不依照股东的出资比例分配红利。《公司法》第三十四条规定：“股东按照实缴的出资比例分取红利；公司新增资本时，股东有权优先按照实缴的出资比例认缴出资。但是，全体股东约定不按照出资比例分取红利或者不按照出资比例优先认缴出资的除外。”

股份有限公司的股东原则上依照其所持有的股份比例分配红利。但是股东可以通过章程规定不按持股比例分配红利。如果股份有限公司章程规定了红利分配办法，依照其规定进行分配。

公司如果在弥补亏损、提取法定公积金之前向股东分配红利，属于违反《公司法》的行为，股东应当把分得的利润退还给公司。

公司向股东分配红利的方式一般有两种，即现金支付和股份分派，由股东会或者股东大会决定具体采用哪种方式。现金支付和股份分派可以同时使用，即股东的红利一部分以现金方式支付给股东，另一部分分配红股。公司持有的本公司的利润不得分配利润。

3. 公积金

公积金又叫作储备金，包括法定公积金和任意公积金，是指公司为了增强自身的财产能力，扩大生产经营和预防意外损失，依法从利润中提取的一种款项。公积金主要用于：① 弥补公司亏损；② 扩大公司生产经营；③ 转增公司资本。但公积金中的资本公积金不得用于弥补公司亏损。当以法定公积金转增公司资本时，所留存的法定公积金不得少于转增之前的注册资本的百分之二十五。法定公积金的提取属于《公司法》的强制性规定，公司必须遵守。《公司法》第一百六十六条第一款规定："公司分配当年税后利润时，应当提取利润的百分之十列入公司法定公积金。公司法定公积金累计额为公司注册资本的百分之五十以上的，可以不再提取。"当然，公司经股东会或股东大会决议，也可以继续提取。

七、公司的变更、合并与分立

（一）公司的变更

公司的变更是指公司设立登记事项中某一项或某几项改变。公司变更的内容主要包括公司名称、住所、法定代表人、注册资本、公司组织形式、经营范围、营业期限、有限责任公司股东或者股份有限公司发起人的姓名或名称的变更。

公司变更设立登记事项，应当向原公司登记机关（即公司设立登记机关）申请变更登记。但公司变更住所跨公司登记机关辖区的，应当在迁入新住所前向迁入地公司登记机关申请变更登记；迁入地登记机关受理的，由原公司登记机关将公司登记档案移送迁入地登记机关。未经核准变更登记，公司不得擅自改变登记事项。

公司申请变更登记，应当向公司登记机关提交下列文件：① 公司法定代表人签署的变更登记申请书；② 依照《公司法》做出变更决议或者决定；③ 国家工商行政管理总局规定要求提交的其他文件。公司变更登记事项涉及修改公司章程的，应当提交公司法定代表人签署的修改后的公司章程或者公司章程的修正案。变更登记事项依照法律、行政法规或者国务院决定规定在登记前须经批准的，还应当向公司登记机关提交有关批准文件。

依照《公司法》第二十二条规定，如果公司股东会、股东大会或者董事会的决议无效，或者被人民法院撤销的，而公司根据上述决议已经办理了变更登记的，则在人民法院宣告上述决议无效后或者撤销上述决议后，公司应当向公司登记机关申请撤销变更登记。公司申请撤销变更登记时应当提交下列文件：① 公司法定代表人签署的申请书；② 人民法院关于宣告决议无效或者撤销决议的判决文书。

（二）公司的合并

公司的合并是指两个或者两个以上的公司订立合并协议，依照《公司法》的规定，不经清算程序，直接结合为一个公司的法律行为。公司合并有两种形式：一是吸收合并，是指一个公司吸收其他公司后存续，被吸收的公司解散；二是新设合并，是指两个或者两个以上的公司合并设立一个新的公司，合并各方解散。《公司法》第一百七十二条规定："公司合并可以采取吸收合并或者新设合并。一个公司吸收其他公司为吸收合并，被吸收的公司解散。两个以上公司合并设立一个新的公司为新设合并，合并各方解散。"

依照《公司法》的规定，公司合并的程序为：① 做出决议或决定。有限责任公司由股东会就公司合并做出决议，做出决议应当经代表 2/3 以上表决权的股东通过；股份有限公司由股东大会做出决议。② 签订合并协议。合并协议应当由合并各方共同签署，合并协议的内容应当包括下列主要内容：合并各方的名称、住所；合并后存续公司或新设公司的名称、住所；合并各方的资产状况和处理办法；合并各方的债权债务独立办法；等等。③ 编制资产负债表和财产清单。④ 通知债权人。即公司应当自合并决议做出之日起 10 日内通知债权人，并于 30 日内在报纸上公告，债权人自接到通知书之日起 30 日内，未接到通知书的自第一次公告之日起 45 日内有权要求公司清偿债务或提供相应的担保。⑤ 办理合并登记手续。公司合并，应当自公告之日起 45 日后申请登记。

（三）公司的分立

公司的分立是指一个通过依法签订分立协议，不经清算程序，分为两个或者两个以上公司的法律行为。公司的分立有两种形式：一是派生分立，是指公司以其部分财产另设一个或数个新的公司，原公司存续；二是新设分立，是指公司全部资产分别划归两个或两个以上的新公司，原公司解散。

根据《公司法》的规定，公司分立时，应当编制资产负债表和财产清单。公司应当自做出分立决议之日起 10 日内通知债权人，并于三十日内在报纸上公告。

公司分立前的债务由分立后的公司承担连带责任。但是，公司在分立前与债权人就债务清偿达成的书面协议另有约定的除外。公司分立时应当对其财产进行分割。公司分立的程序与公司合并的程序基本相同。

八、公司的解散和清算

（一）公司的解散

公司的解散是指已成立的公司基于一定的合法事由而使公司消灭的法律行为。公司解散的原因有三大类：一是一般解散的原因；二是强制解散的原因；三是请求解散的原因。

1. 一般解散的原因

一般解散的原因是指只要出现了解散公司的事由即可解散。我国《公司法》规定的一般解散的原因有以下几种。

（1）公司章程规定的营业期限届满或者公司章程规定的其他解散事由出现。但在此种情形下，可以通过修改公司章程而使公司继续存在，并不意味着公司必然解散。如果有限责任公司经持有 2/3 以上表决权的股东通过，或者股份有限公司经出席股东大会会议的股东所持表决权的 2/3 以上通过修改公司章程的决议，公司可以继续存在。

（2）股东会或者股东大会决议解散。

（3）因公司合并或者分立需要解散。

2．强制解散的原因

强制解散的原因是指由于某种情况的出现，主管机关或人民法院命令解散公司。《公司法》规定强制解散公司的原因有以下几种。

（1）主管机关的决定。国有独资公司由国有资产监督管理机构做出解散的决定，该国有独资公司即被解散。其中重要的国有独资公司解散的，应当由国有资产监督管理部门审核后，报本级人民政府批准。

（2）责令关闭。公司违反法律、行政法规被主管机关责令关闭的，应当解散。

（3）被依法吊销营业执照。

3．请求解散的原因

《公司法》规定，当公司经营管理出现重大困难，继续存在会使股东利益受到重大损失，通过其他途径不能解决的，持有公司全部股东表决权 10% 以上的股东可以请求人民法院解散公司。

（二）公司解散时的清算

清算是终结已解散公司的一切法律关系，处理公司剩余财产的程序。依照我国《公司法》的规定，公司除因合并或分立解散无须清算，以及因破产而解散的公司适用破产清算程序外，其他解散的公司，都应当按照《公司法》的规定进行清算。其程序如下。

1．成立清算组

解散的公司应当自解散之日起 15 天内成立清算组。清算组成员的组成，有限责任公司的清算组由股东组成，股份有限公司的清算组由股东大会确定的人员组成。解散的公司超过 15 天不成立清算组的，债权人可以申请人民法院指定有关人员组成清算组，人民法院应当受理该申请，并及时指定人员组成清算组。

2．清算组的职责

清算组负责解散公司的财产的保管、清理、处理和分配工作。按照我国《公司法》第一百八十四条的规定，清算组在清算期间行使下列职权。

（1）清理公司财产，分别编制资产负债表和财产清单。

（2）通知、公告债权人。

（3）处理与清算有关的公司未了结的业务。

（4）清缴所欠税款以及清算过程中产生的税款。

（5）清理债权、债务。

（6）处理公司清偿债务后的剩余财产。

（7）代表公司参与民事诉讼活动。

清算组成员应当忠于职守，依法履行清算义务，不得利用职权收受贿赂或者其他非法收入，不得侵占公司财产。

3．通知或者公告债权人申报债权

清算组应当自成立之日起10日内通知债权人，并于60日内在报纸上公告。债权人应当自接到通知书之日起三十日内，未接到通知书的自第一次公告之日45日内，向清算组申报其债权。债权人申报其债权，应当说明债权的有关事项，并提供证明材料。清算组应当对债权进行登记。在债权申报期间，清算组不得对债权人进行清偿。

4．清理财产，清偿债务

清算组对公司资产、债权、债务进行清理。在清算期间，公司不得开展新的经营活动。任何人未经清算组批准，不得处分公司财产。清算组在清理公司财产、编制资产负债表和财产清单后，应当制定清算方案，并报股东会、股东大会或人民法院确认。

清算组在清理公司资产、编制资产负债表和财产清单后，发现公司财产不足以清偿债务的，应当立即向人民法院申请破产宣告。公司经人民法院裁决宣告破产后，清算组应当将清算事务移交给人民法院。公司财产能够清偿公司债务的，清算组应当先拨付清算费用，然后按下列顺序进行清偿：① 职工工资、社会保险费用和法定补偿金；② 所欠税款；③ 公司债务。

5．分配剩余财产

在分别支付清算费用、职工的工资、社会保险费用和法定补偿金，缴纳所欠税款，清偿公司债务后，清算组应将剩余的公司财产分配给股东。有限责任公司按照出资比例进行分配；股份有限公司按照持有的股份比例进行分配。公司财产在未清偿公司债务前，不得分配给股东。

6．清算终结

公司清算结束后，清算组应当制作清算报告，报股东会、股东大会或人民法院确认；并报公司登记机关，申请注销登记，同时提交下列文件：① 公司清算组负责人签署的注销登记申请书；② 公司依照公司法做出的决议或者决定，或行政机关责令关闭的文件；③ 股东会、股东大会或人民法院确认的清算报告；④《企业法人营业执照》；⑤ 法律、行政法规规定应当提交的其他文件。

注销登记申请经公司登记机关核准注销登记，公司法人资格终止。

第三节　有限责任公司

一、有限责任公司的概念和特征

（一）有限责任公司的概念

有限责任公司是指由符合法定人数的股东出资设立的，股东以其出资额为限对公司承担责任，公司以其全部资产对公司债务承担责任的企业法人。

（二）有限责任公司的特征

（1）股东人数的限制性。我国《公司法》第二十四条规定："有限责任公司由五十个以下股东出资设立。"从世界各国的公司法对有限责任公司股东人数的规定来看，限制股东人数的最高限是通例，而对股东人数的下限是否限制差别就很大。目前，越来越多的国家公司法放弃了对有限责任公司必须由两个投资人组成这一下限的限制，而承认一人公司的合法性。我国公司法现在也允许设立一人公司，改变了旧公司法关于有限责任公司股东必须有两人以上的规定。

（2）股东责任的有限性。有限责任公司的股东一旦完成对公司的出资，就仅以其出资额为限对公司承担有限责任，除此之外，股东对公司和公司债权人不负任何财产上的偿还义务和责任，公司债权人也不得直接向股东主张债权或请求清偿，而是由公司以全部资产对公司债务承担责任。

（3）设立手续和机构设置的简便性。主要表现在：有限责任公司的公司机关可以设立董事会，也可以不设立；可以设立监事会，也可以不设立。而股份有限公司的股东大会、董事会、监事会都是必须设立的。根据《公司法》第五十条第一款规定："股东人数较少或者规模较小的有限责任公司，可以设一名执行董事，不设董事会。执行董事可以兼任公司经理。"《公司法》第五十一条第一款规定："有限责任公司设监事会，其成员不得少于三人。股东人数较少或者规模较小的有限责任公司，可以设一至二名监事，不设监事会。"

（4）有限责任公司具有封闭性。其封闭性主要表现在：公司设立时的出资额全部由股东认购，不能向社会发行股份来募集资本；公司发给股东的出资证明书叫作股单，股单不能在市场上流通转让；无须向社会公布其财务会计信息资料；无须向社会公开其经营状况。

（5）公司资本的非等额股份性。在我国，有限责任公司的股东出资采取单一出资制，也就是说，股东出资只能一份，但其数额可以不同。出资额可以分割，但不能共有，这种资本的非等额股份性，构成有限责任公司和股份有限公司的区别。

（6）有限责任公司具有人合性兼资合性。《公司法》规定了有限责任公司股东人数的限制性、公司资本的封闭性，股东转让出资又必须具有严格的条件，这一切都体现了有限责任公司的人合性；同时，《公司法》又规定了有限责任公司的设立其资本必须达到法定的最低资本限额，这体现了资合性。我国《公司法》第七十一条规定，有限责任公司的股东之间可以相互转让其全部或者部分股权。股东向股东以外的人转让股权，应当经其他股东过半数同意。股东应就其股权转让事项书面通知其他股东征求同意，其他股东自接到书面通知之日起满三十日未答复的，视为同意转让。其他股东半数以上不同意转让的，不同意的股东应当购买该转让的股权；不购买的，视为同意转让。经股东同意转让的股权，在同等条件下，其他股东有优先购买权。两个以上股东主张行使优先购买权的，协商确定各自的购买比例；协商不成的，按照转让时各自的出资比例行使优先购买权。公司章程对股权转让另有规定的，从其规定。

二、有限责任公司设立的条件

（一）股东的人数和资格

我国《公司法》第二十四条规定："有限责任公司由五十个以下股东出资设立。"这表明我国设立有限责任公司，股东最多不能超过五十个。最少则可为一个，此种情况设立的公司为一人公司。

除国有独资公司以外，有限责任公司的股东可以是自然人，也可以是法人。

（二）公司的资本

1. 注册资本

根据《公司法》第二十六条的规定，有限责任公司的注册资本为在公司登记机关登记的全体股东认缴的出资额。法律、行政法规以及国务院决定对有限责任公司注册资本实缴、注册资本最低限额另有规定的，从其规定。

2. 出资方式

有限责任公司的股东的出资方式根据《公司法》第二十七条的规定，主要有以下几种：① 货币；② 实物；③ 知识产权；④ 土地使用权；⑤ 其他可以用货币估价并可以依法转让的非货币财产。

对于作为出资的实物、知识产权或土地使用权等非货币财产应当评估作价，核实财产，不得高估或低估作价。法律、行政法规对评估作价有规定的，从其规定。

3．出资期限

有限责任公司的股东认缴的出资，可以在公司成立时一次缴清，也可以在公司成立以后分次缴清。

4．出资的程序

（1）股东以货币出资的，应当将货币足额存入有限责任公司在银行开设的账户。

（2）股东以非货币财产出资的，应当评估作价，核实财产，不得高估或低估作价。缴资时应当依法办理财产权的转移手续。

（3）股东不按公司章程规定缴纳所认缴的出资的，除应当向公司足额缴纳外，还应当向已足额缴纳出资的股东承担违约责任。

（4）公司成立以后，发现作为设立公司出资的非货币财产的实际价额显著低于公司章程所定价额的，应当由交付该出资的股东补足其差额；公司设立时的其他股东对此承担连带责任。

（三）股东共同制定的公司章程

因为有限责任公司的股东数量是确定的，所以公司章程应当由全体股东共同制定。关于公司章程，本章第二节公司基本法律制度里已进行了说明，这里不再赘述。

（四）公司设立的其他条件

设立有限责任公司除应当具备上述三个条件外，还应当具备下列几个条件。

（1）有公司的名称。

（2）有公司的组织机构。

（3）有必要的生产经营条件等。

三、有限责任公司的组织机构

我国《公司法》对有限责任公司组织机构的设置做了多元化的规定：一般的有限责任公司，其组织机构为股东会、董事会和监事会；股东人数较少和规模较小的有限责任公司，其组织机构为股东会、执行董事和监事；一人公司不设股东会，其组织机构为唯一的股东会、董事会、经理和监事会。

（一）股东会

1．股东会的性质和组成

股东会是有限责任公司的最高权力机关。除《公司法》有特别规定的以外，有限责任公司必须设立股东会。但股东会是非常设机关，是以会议的形式存在的。股东会由全体股东组成。股东是按其所认缴的出资额向有限责任公司缴纳出资的人。

2. 股东会的职权

根据《公司法》第三十七条规定，股东会行使下列职权：

① 决定公司的经营方针和投资计划；② 选举和更换非由职工代表担任的董事、监事，决定有关董事、监事的报酬事项；③ 审议批准董事会的报告；④ 审议批准监事会或者监事的报告；⑤ 审议批准公司的年度财务预算方案、决算方案；⑥ 审议批准公司的利润分配方案和弥补亏损方案；⑦ 对公司增加或者减少注册资本作出决议；⑧ 对发行公司债券作出决议；⑨ 对公司合并、分立、解散、清算或者变更公司形式作出决议；⑩ 修改公司章程；⑪ 公司章程规定的其他职权。

3. 股东会的召开

根据《公司法》第三十八、三十九、四十、四十一条的规定，股东会应按下列规定召开：① 股东会会议分为定期会议和临时会议。定期会议应当依照公司章程的规定按时召开。代表十分之一以上表决权的股东，三分之一以上的董事，监事会或者不设监事会的公司的监事提议召开临时会议的，应当召开临时会议。② 首次股东会会议由出资最多的股东召集和主持，依照本法规定行使职权。以后的股东会，凡设立董事会的，股东会会议由董事会召集，董事长主持；董事长不能履行职务或者不履行职务的，由副董事长主持；副董事长不能履行职务或者不履行职务的，由半数以上董事共同推举一名董事主持。有限责任公司不设董事会的，股东会会议由执行董事召集和主持。董事会或者执行董事不能履行或者不履行召集股东会会议职责的，由监事会或者不设监事会的公司的监事召集和主持；监事会或者监事不召集和主持的，代表十分之一以上表决权的股东可以自行召集和主持。③ 召开股东会会议，应当于会议召开十五日前通知全体股东。但是，公司章程另有规定或者全体股东另有约定的除外。④ 股东会应当对所议事项的决定做成会议记录，出席会议的股东应当在会议记录上签名。

4. 股东会决议

有限责任公司股东会可依职权对所议事项做出决议时，采取"资本多数决"的原则，即由股东按出资比例行使表决权。但公司章程可以对股东会决议做出方式另行予以规定，而不按出资比例行使表决权。

股东会的议事方式和表决程序，除《公司法》有规定的外，由公司章程规定，但下列事项必须经代表三分之二以上表决权的股东通过。

（1）修改公司章程。

（2）公司增加或者减少注册资本。

（3）公司的分立、合并、解散或者变更公司形式。

全体股东对股东会决议事项以书面形式一致表示同意的，可以不召开股东会会议，而可以直接做出决定并由全体股东在决定文件上签名、盖章。

（二）董事会

1. 董事会的性质及其组成

董事会是有限责任公司的业务执行机关，享有业务执行权和日常经营的决策权。它是一般有限责任公司的必设机关和常设机关，股东人数较少或公司规模较小的有限责任公司，可以不设董事会。至于"股东人数较少"或"公司规模较小"的判断标准，《公司法》并未规定，故实践中有较大的意思自治的余地，由股东协商决定是否设立董事会，并记载于公司章程中。董事会对股东会负责。

董事会由董事组成，其成员为 3 ～ 13 人。董事的任期由公司章程规定，各个公司可有所不同，但每届任期不得超过 3 年。换言之，公司章程可以规定董事的任期少于 3 年，但不得超过 3 年。董事任期届满时，连选可以连任，并无任职届数的限制。董事在任期期满前，股东会不得无故解除其职务。

2. 董事会的职权

根据《公司法》第四十六条规定，董事会对股东会负责，行使下列职权：① 召集股东会会议，并向股东会报告工作；② 执行股东会的决议；③ 决定公司的经营计划和投资方案；④ 制订公司的年度财务预算方案、决算方案；⑤ 制订公司的利润分配方案和弥补亏损方案；⑥ 制订公司增加或者减少注册资本以及发行公司债券的方案；⑦ 制订公司合并、分立、解散或者变更公司形式的方案；⑧ 决定公司内部管理机构的设置；⑨ 决定聘任或者解聘公司经理及其报酬事项，并根据经理的提名决定聘任或者解聘公司副经理、财务负责人及其报酬事项；⑩ 制定公司的基本管理制度；⑪ 公司章程规定的其他职权。

3. 董事会的召开

董事会会议由董事长召集和主持。董事长不能履行职务或者不履行职务的，由副董事长召集和主持；副董事长不能履行职务或者不履行职务的，由半数以上的董事共同推举一名董事召集和主持。

董事会应当对所议事项的决定做成会议记录，出席会议的董事应当在会议记录上签名。董事会会议的表决实行一人一票制。

4. 董事长和执行董事

有限责任公司的董事会设董事长一名，副董事长若干名。董事长、副董事长的产生办法由公司章程规定。一般而言，董事长的职权有：① 主持董事会会议，召集和主持董事会会议；② 检查董事会决议的实施情况；③ 对外代表公司；④ 设立分公司，向公司登记机关申请登记，领取营业执照；⑤ 公司章程规定的其他职权。董事长是公司的法定代表人。

根据我国《公司法》的规定，股东人数较少或者规模较小的有限责任公司，不设董事会，可以设一名执行董事。执行董事兼具了相当于一般有限责任公司董事会、董事长的身份，是公司的法定代表人。

（三）经理

有限责任公司的经理是负责公司日常经营管理工作的高级管理人员。我国《公司法》规定，有限责任公司可以设经理，由董事会聘任或解聘，经理对董事会负责。经理可以作为公司的法定代表人，行使下列职权：① 主持公司的生产经营管理工作，组织实施董事会决议；② 组织实施公司年度经营计划和投资方案；③ 拟订公司内部管理机构设置方案；④ 拟定公司的基本管理制度；⑤ 制定公司的具体规章；⑥ 提请聘任或解聘公司副经理、财务负责人；⑦ 决定聘任或解聘除应当由董事会决定聘任或解聘以外的其他负责管理人员；⑧ 董事会授予的其他职权。公司章程如果对经理的职权有其他规定的，依照其规定。

（四）监事会

1. 监事会的性质和组成

监事会为经营规模较大的有限责任公司的常设监督机构，专司监督职能，监事会对股东会负责，并向其负责和报告工作。监事会由股东代表和适当比例的公司职工代表组成，具体比例由公司章程规定。监事会中的股东代表由股东会选举产生；监事会中的职工代表由职工民主选举产生；监事会应当在其组成成员中推选一名召集人。监事的任期是法定的，每届任期 3 年。监事任期届满，连选可以连任。

股东人数较少或者规模较小的有限责任公司，不设监事会，可以设 1～2 名监事，行使监事会的职权。同时，公司董事、高级管理人员不得兼任监事。

2. 监事会的职权

依照我国《公司法》第五十三条的规定，监事会、不设监事会的公司的监事行使下列职权：① 检查公司财务；② 对董事、高级管理人员执行公司职务的行为进行监督，对违反法律、行政法规、公司章程或者股东会决议的董事、高级管理人员提出罢免的建议；③ 当董事、高级管理人员的行为损害公司的利益时，要求董事、高级管理人员予以纠正；④ 提议召开临时股东会会议，在董事会不履行本法规定的召集和主持股东会会议职责时召集和主持股东会会议；⑤ 向股东会会议提出提案；⑥ 依照本法第一百五十一条的规定，对董事、高级管理人员提起诉讼；⑦ 公司章程规定的其他职权。

监事会、不设监事会的公司的监事行使职权所必需的费用由公司承担。

此外，为便于董事的监督，我国《公司法》还规定，监事有权列席董事会会议，并对董事会决议事项提出质疑或者建议。监事会或者监事发现公司经营情况异常，可以进行调查，必要时可以聘请会计事务所等协助其工作，费用由公司承担。

四、有限责任公司的股权转让

（一）对内转让的规则

有限责任公司的股东相互之间可以自由转让股权，可以是转让部分股权，也可以是转让全部股权。在转让部分股权的情况下，转让方仍保留股东身份，只是转让方与受让方各自的股权比例发生变化而已。在全部转让的情况下，转让方退出公司。

由于《公司法》承认了一人有限公司的法律地位，所以如果因有限公司股东相互之间转让股权而导致公司只剩下一个股东时，公司仍可以继续存在，但此时公司应当符合《公司法》规定的关于一人有限责任公司的有关条件。

（二）对外转让的规则

有限责任公司的股东可以将其持有的公司股权转让给股东以外的第三人，但需符合《公司法》规定的相关条件。

1. 其他股东的同意权及行使

股东向股东以外的第三人转让股权，无论是部分转让，还是全部转让，应当经其他股东过半数的同意。在程序上，欲对外转让股权的股东应当就股权转让事项书面通知其他股东，征求其他股东的同意。其他股东可以同意，也可以不同意，但应当给予转让方答复。如果其他股东在接到通知书之日起30天未给予答复的，则视为同意对外转让股权。其他股东半数以上不同意对外转让股权的，不同意对外转让股权的股东应当购买该股权；不购买的视为同意转让。

如果不同意对外转让股权的股东购买该转让的股权，股权转让的价格应当由购买方和转让方通过协商的方式确定。不能通过协商的方式确定的，可以聘请第三人对股权的价格进行评估，然后按评估的价格转让。

2. 其他股东的优先购买权

股东对外转让股权得到了其他股东的同意，则在同等条件下，其他股东享有优先购买权。所谓同等条件，主要是指股权转让的价格条件。除此之外，还包括支付方式、期限以及由转让方提出的其他合理条件。所以，如果第三人愿意以更优惠或者对转让方更有利的条件购买股权，而其他股东不愿意以此条件购买，则其他股东丧失优先购买权。当然，其他股东也可以放弃优先购买权。

如果其他股东中有两个或两个以上的股东都愿意受让该转让的股权，应当通过协商确定各自受让的比例。如果协商不成，则按照转让时各自的出资比例行使优先购买权。

其他股东在同等条件下的优先购买权并非是法律上的强制性规定。如果公司章程对股东转让股权有不同或者相反规定时，则依照章程的规定处理。

3．强制执行程序中的股东优先购买权

在因股权质押、担保等情形而导致人民法院依法采取强制执行措施而转让有限责任公司的股东在公司中股权的情形下，人民法院应当将此强制执行的有关情况通知股东所在的公司和其他股东。其他股东在同等条件下享有优先购买权，但该优先购买权应当自接到人民法院的通知之日起 20 日内行使，逾期不行使的，视为放弃优先购买权，第三人可以通过强制执行措施受让该股权。对于该非通过协商而是通过强制执行程序购买股权的新股东，公司和其他股东不得否认其效力，公司应当注销原股东的出资证明书，并向新股东签发出资证明书，修改公司章程和股东名册中有关股东及其出资额的记载，此项对于公司章程的修改不需要再经股东会表决程序而直接发生效力。

五、股东的股权收购请求权

有限责任公司具有较强的人合性，股东相互之间的信任和合作对于公司的经营管理和发展非常重要。因此，当某些股东对继续作为公司股东失去信心或不愿意再与其他股东合作，又没有第三人愿意受让其股权，或者其不愿意对外转让股权的情况下，《公司法》第七十四条规定，有下列情形之一的，对股东会该项决议投反对票的股东可以请求公司按照合理的价格收购其股权：① 公司连续五年不向股东分配利润，而该公司该五年连续盈利，并且符合本法规定的分配利润条件的；② 公司合并、分立、转让主要财产的；③ 公司章程规定的营业期限届满或者章程规定的其他解散事由出现，股东会会议通过决议修改章程使公司存续的。

要求公司收购其股权的股东，有权自股东会决议通过之日起六十日内提出该请求，收购的价格由该股东和公司协商确定，如果双方不能就收购股权的价格达成一致，则股东可以自股东会决议之日起九十日内向人民法院起诉，通过诉讼解决该决议。

六、自然人股东资格的继承

有限责任公司的自然人股东死亡或者被宣告死亡的，该股东有符合继承法规定的合法继承人的，可以继承该股东资格，但公司章程另有规定的除外。例如，公司章程规定，股东死亡时，其继承人不能自动取得该公司股东的资格，而是需要取得其他股东一定比例的同意，或者规定继承人在符合何种条件才能继承股东资格等。

如果公司章程没有相反规定，则当自然人股东死亡后，其合法继承人愿意取得股东资格的，其他股东应当同意。如果该继承人不愿意取得股东资格，则应通过协商或者评估确定该股东的股权价格。由其他股东受让该股权或者由公司收购该股权，继承人取得该股权转让款。

李某、刘某和陆某同为甲有限责任公司的股东。在公司存续期间，李某与自己的妻子文某离婚。根据两人的离婚协议，李某把自己在甲公司 50% 的股权分割给文某。刘某在一次交通意外中死亡，刘某有一法定继承人——自己的妻子张某。一次公司召开股东会，李某、文某、陆某和张某均参加了股东会并在股东会上以自己的名义行使表决权。

七、公司的董事、监事、高级管理人员

（一）不得担任董事、监事、高级管理人员的情形

根据规定，具有下列情形之一的人，不得担任公司的董事、监事、高级管理人员。

（1）无民事行为能力或者限制行为能力的人。

（2）因犯有贪污、贿赂、侵占财产、挪用财产罪或者破坏社会主义经济秩序罪，被判处刑罚，执行期满未逾五年，或者因犯罪被剥夺政治权利，执行期满未逾五年。

（3）担任破产清算的公司、企业的董事或者厂长、经理，并对该公司、企业的破产负有个人责任的，自该公司、企业破产清算完结之日未逾三年。

（4）担任因违法被吊销营业执照、责令关闭的公司、企业的法定代表人，并负有个人责任的，自该公司、企业被吊销营业执照之日起未逾三年。

（5）个人负有数额较大的债务到期未清偿。

上述各项规定适用于有限责任公司和股份有限公司的董事、监事和高级管理人员。

（二）董事、监事、高级管理人员的义务和责任

1. 董事、监事、高级管理人员的共同义务

包括：① 遵守法律、行政法规，遵守公司章程，忠实履行职务，维护公司利益；② 不得利用公司的地位和职权为自己谋取私利；③ 不得利用职权收受贿赂或者其他非法利益；④ 不得侵占公司的财产；⑤ 不得泄露公司秘密。股东会或者股东大会要求董事、监事、高级管理人员列席会议的，董事、监事、高级管理人员应当列席，并接受股东的质询。

2. 董事、高级管理人员的特定义务

包括：① 不得挪用公司资金；② 不得将公司资金以其个人名义或者其他个人名义开立账户存储；③ 不得违反公司章程的规定，未经股东会、股东大会或者董事会同意，将公司资金借贷给他人或者以公司的资产为他人提供担保；④ 不得违反公司章程的规定或者未经股东会、股东大会同意，与本公司订立合同或者进行交易；⑤ 不得未经股东会或者股东大会的同意，利用职务上的便利为自己或者他人谋取属于公司的商业机会，自营或为他人经营与所任职的公司同类的业务；⑥ 不得接受他人与公司交易的佣

金归自己所有；⑦ 不得擅自披露公司秘密；⑧ 不得为违反对公司忠实义务的其他行为。公司董事、高级管理人员违反上述规定所得的收入归公司所有。

八、一人有限责任公司

（一）一人有限责任公司的概念和特征

1. 一人有限责任公司的概念

一人有限责任公司简称一人公司、独资公司或独股公司等，是指只有一个自然人股东或一个法人股东的有限责任公司。一人有限责任公司在经营的过程中虽有其弊端，但在我国目前的市场经济中还是有其存在的价值。首先，一人有限责任公司符合自由市场经济的原则，体现了对投资者自由选择投资方式的尊重。其次，一人有限责任公司可使唯一投资者最大限度地利用有限责任原则规避风险，实现经济效益的最大化。最后，一人有限责任公司可以提高公司的决策效率等。

2. 一人有限责任公司的特征

（1）股东为一人。一人有限责任公司的出资人只有一个人，股东可以是自然人，也可以是法人。通常情况下，有限责任的公司股东一般是两个以上，而个人独资企业的投资人只能是自然人。

（2）股东对公司的债务承担有限责任。一人有限责任公司在本质上仍然是公司的组织形态，即公司以其资产独立地对公司的债权人承担责任，股东以其出资额为限对公司承担有限责任，当公司资产不足以清偿债务时，股东不承担连带责任。

（3）组织机构比较简化。一人有限责任公司的股东只有一人，所以不设股东会，公司法关于股东会行使的职权，由该股东一人行使。一人有限责任公司可以根据公司章程的规定设立董事会或监事会。

（二）我国《公司法》关于一人有限责任公司的特别规定

（1）注册资本没有特别规定。

（2）注册资本缴付没有特别规定。

（3）再投资的规定。这一限制体现两个方面：一方面，一个自然人只能投资设立一个一人有限责任公司，不能投资设立第二个一人有限责任公司；另一方面，由一个自然人投资设立的一人有限责任公司不能作为股东投资设立一人有限责任公司。

（4）财务制度上的要求。一人有限责任公司应当在每一个会计年度终了时编制财务会计报告，并经会计师事务所的审计。

（5）人格混同时的股东连带责任。依照《公司法》的规定，如果一人有限责任公司的股东不能证明公司的财产独立于股东个人财产，即发生了公司人格和股东个人人格的混同，此时适用公司法人人格否认制度，股东必须对公司的债务承担连带责任，公司债权人可以将公司和公司股东作为共同债务人进行追偿，要求两者承担连带责任。

九、国有独资公司

（一）国有独资公司的概念和特征

1. 国有独资公司的概念

国有独资公司是指由国家单独出资，由国务院或者地方人民政府授权本级人民政府的国有资产监督管理部门履行出资人职责的有限责任公司。

2. 国有独资公司的特征有：① 国有独资公司为有限责任公司，适用公司法的特别规定；② 国有独资公司股东具有唯一性，即国家；③ 国有独资公司的董事会或监事会产生的方式与一般的有限责任公司不同。

（二）国有独资公司的组织机构

1. 国有独资公司的权力机关

国有独资公司不设股东会，由国有资产监督管理部门以唯一的股东身份行使部分股东会的职权。主要有：① 委派或更换董事会成员，从董事会中指定董事长、副董事长；② 授权董事会行使部分股东会的职权；③ 依照法律、行政法规的规定，对国有资产实施监督管理；④ 对公司资产的转让，依照法律、行政法规的规定，办理审批和财产权转移手续；⑤ 决定公司的合并、分立、解散、增减资本和发行公司债券。

2. 国有独资公司的董事会和经理

国有独资公司设董事会，是公司的执行机关。董事会的成员来源有两个方面：一是国有资产监督管理部门的委派；二是公司职工，由职工代表大会民主选举产生。国有独资公司的董事会职权比一般的有限责任公司董事会的职权范围要大，一般有两个部分：一是法定职权，即《公司法》第四十六条规定的一般有限责任公司董事会的职权；二是因为经授权而行使部分股东会的职权。根据《公司法》的规定，国有独资公司的董事会有权决定公司的重大事项，但是下列事项必须经过国有资产监督管理部门的决定：① 公司的合并和分立；② 公司的解散；③ 公司增加或减少公司资本；④ 发行公司债券。

国有独资公司设经理，履行《公司法》规定的经理的职责。经理由董事会聘任或解聘。经国有资产监督管理部门同意，董事会成员可以兼任经理。

国有独资公司的董事长、副董事长、董事和高级管理人员，未经国有资产监督管理部门的同意，不得在其他有限责任公司、股份有限公司或者其他经济组织中兼职。

3. 监事会

国有独资公司设监事会，作为公司的监督机构。监事会主要由国务院或者国务院授权的机构、部门委派的人员组成，并有公司职工代表参加。监事会的成员不得少于五人，其中职工代表的比例不得少于三分之一。监事列席董事会会议。董事、高级管理人员及财务负责人不得兼任监事。

第四节　股份有限公司

一、股份有限公司的设立概述

（一）股份有限公司的概念和特征

股份有限公司简称股份公司，是指其全部资本分为等额的股份，股东以其所持股份为限对公司承担责任，公司以其全部资产对公司债务承担责任的企业法人。它具有以下几个特征。

（1）发起人要符合法定的人数。根据《公司法》第七十八条的规定，设立股份有限公司，应当有二人以上二百人以下为发起人，其中须有半数以上的发起人在中国境内有住所。

（2）股东对公司承担有限责任。与有限责任公司一样，股份有限公司的股东以其出资额为限对公司承担有限责任，公司以其全部财产对外承担有限责任。

（3）公司运营具有开放性。股份有限公司是典型的合资公司，它通过发行股票的方式筹集公司资本。任何人只要愿意购买公司股票、支付股金，就可以成为公司的股东。自然人、法人都可以成为公司的股东。同时，股份有限公司的股份一般情况下可以在证券市场上自由流通转让。此外，股份有限公司的财务信息必须公开，让股东及时了解公司的营运状况。

（4）公司资本被划分为等额股份。股份有限公司的全部资本被划分为等额股份，每股金额相等，由发起人或股东认购并持有。股份作为公司资本的基本单位，这是股份有限公司最为重要的特征。

（二）股份有限公司的设立

1. 设立条件

根据我国《公司法》的规定，设立股份有限公司应当具有以下几个条件。

（1）发起人符合法定的人数。《公司法》第七十八条规定，设立股份有限公司，应当有二人以上二百人以下为发起人，其中须有半数以上的发起人在中国有住所。股份有限公司的股东最少为二人。发起人可以是自然人，也可以是法人或其他经济组织。

（2）有符合公司章程规定的全体发起人认购的股本总额或者募集的实收股本总额。

（3）股份发行、筹办事项符合法律规定。

（4）发起人制定公司章程，并经创立大会通过。股份有限公司的章程是股份有限公司成立的基本文件。股份有限公司的章程是发起人拟订的，用于规范公司的组织机构和对内、对外行为。股份有限公司的章程必须经过创立大会通过才能生效。

（5）有公司名称和符合股份有限公司要求的组织机构。

（6）有固定的生产经营场所和必要的生产经营条件。

2．设立方式

股份有限公司有两种设立的方式：一是发起设立；二是募集设立。

（1）发起设立。发起设立是指发起人认购公司的全部股份，不向发起人之外的任何人募集股本而设立公司。发起设立的程序包括以下几个方面。

① 发起人认购公司股份。发起人应当书面认足公司章程中规定的应由其认购的股份。认购采用书面形式，载明认购人的姓名或名称、住所、认股数、应缴股款金额、出资方式等，由认股人填写、签章。认购书一经填写并签署，即具有法律上的约束力。

② 发起人缴清股款。发起人在认购股份后，如公司章程规定一次性缴清股款的，应立即缴清全部出资；分期缴纳股款的，应立即缴清首次出资。发起人以实物、知识产权或土地使用权出资的，应当依法评估，并办理财产权转移手续。

③ 选举董事会和监事会。

④ 申请设立登记。董事会应当向公司登记机关申请设立登记。申请时应当递交公司章程、验资机构的验资报告以及其他证明文件。公司登记机关在接到申请之日起20日内做出是否给予登记的答复。对符合法律规定条件的，给予登记，发给公司营业执照。公司以营业执照签发的日期作为成立的日期。公司成立后，应当进行公告。

（2）募集设立。募集设立是指由发起人认购公司应发行股份的一部分，其余部分向社会公开募集。募集设立的程序如下。

① 发起人认购股份。以募集设立方式设立股份有限公司的，发起人认购的公司股份不得少于公司应发行股份总数的35%。法律、行政法规对此另有规定的，从其规定。

② 公告招股说明书，制作认股书。招股说明书应当附有发起人制定的公司章程，并载明下列事项：发起人认购的股份数；每股的票面金额和发行价格；无记名股票的发行总数；募集资金的用途；认股人的权利和义务；本次募股的起止期限及逾期未募

足时认股人可以撤回所认股份的说明。

③ 签订承销协议和代收股款协议。发起人就股份承销的方式、数量、起止时间、承销费用的计算与支付等具体事项，与证券公司签订承销协议；发起人就代收和保存股款的具体事项，与银行签订代收股款协议。

④ 召开创立大会。发起人应当在发行股份的股款缴足后三十日内主持召开创立大会。创立大会由发起人、认股人组成。创立大会通常被认为是股份有限公司募集设立过程中的决议机构。创立大会的职权一般有：审议发起人关于公司筹办情况的报告；通过公司章程；选举董事会成员；选举监事会成员；对公司设立的费用进行审核；对发起人用于抵作股款的财产的作价进行审核；发生不可抗力或者经营条件发生重大变化直接影响公司设立的，可以做出不设立公司的决定。创立大会对前款所列事项做出决议，应当经过出席会议的认股人所持表决权过半数通过。

⑤ 设立登记并公告。以募集设立方式设立的公司应当在创立大会结束后的三十日内，由董事会向公司登记机关（即工商行政管理机关）申请设立登记，并按照公司登记管理条例的规定，提交有关文件。

3．公司设立中发起人的责任

发起人是指筹办公司设立事务、认购公司的股份、进行公司设立行为的人。发起人在进行公司设立行为的过程中，应当签订发起人协议，明确各自在公司设立过程中的权利和义务。发起人在公司设立过程中的相互关系属于合伙性质，其权利、义务、责任可以适用合伙的有关规定。

在公司设立的过程中，发起人应当承担下列责任：① 公司不能成立时，对设立行为所产生的债务和费用承担连带责任；② 公司不能成立时，对认股人已缴纳的股款，负返还股款并加付同期银行存款利息的义务；③ 在公司设立过程中，因自己的过失使公司利益受到损害时，应当对公司承担赔偿责任；④ 发起人虚假出资，如未支付货币、实物或者为转移财产权，欺骗债权人或社会公众的，责令改正，处以虚假出资金额 5%以上 15% 以下的罚款；⑤ 发起人在公司成立后抽逃出资的，责令其改正，处以所抽逃出资金额 5% 以上 15% 以下的罚款。

二、股份有限公司的组织机构

（一）股东大会

1．股东大会的性质和组成

股东大会为股份有限公司的必设机关，是股份有限公司的最高权力机关。股东大会由全体股东组成。

2. 股东大会的职权

《公司法》第九十九条规定：“本法第三十七条第一款关于有限责任公司股东会职权的规定，适用于股份有限公司股东大会。”

3. 股东大会的召开

股东大会分为年会和临时会议两种。年会每年召开一次，通常是在每个会计年度终了后 6 个月内召开。临时股东大会则应在有下列情况之一时，在两个月以内召开：① 董事人数不足《公司法》规定的人数或者公司章程规定的人数的 2/3 时；② 公司未弥补的亏损达到实收股本总额的 1/3 时；③ 单独或合计持有公司股份 10% 以上的股东请求时；④ 董事会认为必要时；⑤ 监事会提议召开时。股东会会议由董事会负责召集，董事长主持会议，董事长不能履行职务或不履行职务时，由副董事长履行职务；副董事长不能履行职务或不履行职务时，由半数以上的董事共同推举 1 名董事主持。

召开股东大会，应当在会议召开前的 20 日前通知股东，通知中应当写明股东大会将要审议的事项、股东大会召开的日期和地点等。临时股东大会不得对通知中未列明的事项做出决议。股份有限公司发行无记名股票的，应于股东大会召开的三十日前进行公告。无记名股票的股东要出席股东大会的，必须于会议召开 5 日以前至股东大会闭会时，将股票交存于公司，否则，不得出席会议。

4. 股东大会的决议

股东出席股东大会会议，所持每一股为一个表决权。但公司持有的本公司的股份没有表决权。

股东大会实行股份多数决的原则，即指股东大会依照持有多数股份的股东意志做出决议。股东大会实行股份多数决原则，必须具备两个条件：一是有代表股份多数的股东出席；二是有出席会议的股东所持表决权的多数通过。股东大会做出决议，必须经出席会议的股东所持表决权过半数通过，但是股东大会做出修改公司章程、增加或减少注册资本以及公司合并、分立、解散或者变更公司形式的决议，必须经过出席会议的股东所持表决权的 2/3 通过。公司转让、受让重大资产或者对外提供担保等事项，必须经股东大会做出决议的，董事会应当及时召集股东大会，由股东大会就上述事项进行表决。

股东大会对所议事项的决定应当做成会议记录，由出席会议的董事签名。会议记录应当与出席股东的签名册和代理出席的委托书一并保存，供股东查阅。

（二）董事会

1. 董事会的性质及其组成

董事会是股份有限公司必设的业务执行和经营意思决定机关，它对股东大会负责。董事会由全体董事组成。董事会的成员为 5 ~ 19 人。董事会的产生分为两种情况：在公司设立时，采取发起设立方式设立公司的，董事会由发起人选举产生；采取募集设立方式设立公司的，董事会由创立大会选举产生。公司成立后，董事会由股东大会选举产生。

董事会设董事长1人，可以设副董事长。董事长和副董事长由董事会会议全体董事过半数选举产生。董事长为公司法定代表人。董事长主持股份有限公司股东大会会议和董事会会议。

董事的任期由公司章程规定，但每届任期不得超过3年。董事任期届满，可以连选连任。董事在任期届满之前，股东大会不得无故解除其职务。

2．董事会的职权

股份有限公司董事会的职权适用《公司法》第四十六条关于有限责任公司董事会职权的规定。

3．董事会会议的召开

股份有限公司的董事会分为定期会议和临时会议。董事会定期会议，每年至少召开2次，每次会议应于会议召开前10日通知全体董事和监事；董事会召开临时会议，其会议的通知方式和通知时限，可以由公司章程做出规定。董事会会议由董事长召集。董事长不能履行职务或不履行职务的，由副董事长履行职务；副董事长不能履行职务或不履行职务时，由半数以上的董事共同推举1名董事履行职务。

4．董事会会议的出席

股份有限公司董事会会议必须由半数以上的董事出席方可举行。董事会做出决议，必须经全体董事的过半数通过。

董事会会议，应由董事本人出席；董事因故不能出席，可以书面委托其他董事代为出席，在委托书中应载明授权范围。

董事会应当对会议所议事项的决定做成会议记录，由出席会议的董事在会议记录上签名。

董事会会议的决议违反法律、行政法规或者公司章程，致使公司遭受严重损失的，参与决议的董事对公司负赔偿责任。但经证明在表决时曾表明异议并记载于会议记录的，该董事可以免除责任。

（三）经理

经理是对股份有限公司日常经营管理负有全责的高级管理人员，由董事会聘任和解聘，对董事会负责。《公司法》第四十九条关于有限责任公司经理职权的规定适用于股份有限公司的经理。

（四）监事会

1. 监事会的性质及其组成

监事会是股份有限公司必设的监督机构,对公司的财务及业务执行情况进行监督。监事会由监事组成,其成员不得少于 3 人。监事的人选由股东代表和公司职工代表构成,其中职工代表的比例不得低于 1/3。股东代表由股东大会选举产生。监事会设主席 1 人,可以设副主席。监事会主席、副主席每届 3 年,监事任期届满,可以连选连任。

2. 监事会的职权

《公司法》第五十四条、第五十五条关于有限责任公司监事会职权的规定,适用于股份有限公司的监事会。

三、股份有限公司的股份发行与转让

（一）股份与股票

1. 股份的概念和分类

股份是股份有限公司特有的概念,它是股份有限公司资本最基本的构成单位。股份具有以下几个特征:① 每一股份所代表的金额相等;② 股份表示股东享有权益的范围;③ 股份通过股票的形式表现出来。

2. 股份的分类

股份有限公司的股份依据不同的标准,可以划分为不同的种类。

（1）普通股和优先股。根据股东享有权利的内容不同,股份可以分为普通股和优先股。普通股股东有权在公司提取完毕公积金、公益金以及支付了优先股股利后,参与公司的盈余分配,其股利不固定。公司终止清算时,普通股股东在优先股股东之后取得公司剩余财产。普通股股东有出席或委托代理人出席股东大会并行使表决权的权利。优先股股东在公司盈余或剩余财产的分配上享有比普通股股东优先的权利。但优先股股东无表决权。

（2）记名股和无记名股。这是以在股票上是否记录股东的姓名和名称作为划分标准的。凡是在股票票面上记载股东姓名和名称的就是记名股;反之,就是无记名股。记名股要在公司建立股东名册,其在转让时必须以背书或法律规定的其他方式进行,同时要变更股东名册;无记名股的转让交付股票即发生法律效力。

（3）额面股和无额面股。这是以股票票面是否有具体的金额表示作为划分标准的。额面股是指在股票票面上注明一定金额的股份。同种类的额面股金额必须一律相同,发行价格、发行条件也应当相同。无额面股是指股票票面不标明一定的金额,而只表明每股占公司资本的比例。根据我国公司法的规定，在我国只允许发行额面股，禁止发行无额面股。

（4）表决权股和无表决权股。这是按照股东在股东大会上是否有表决权为标准划分的。表决权股是指持有该股的股东享有表决权。表决权股又可以进一步划分为普通表决权股、多数表决权股和特别表决权股。无表决权股是指持有该种股票的股东在股东大会上不享有表决权。

（5）国家股、法人股、个人股和外资股。这是我国目前特有的股份种类之一。国家股是指由国有资产监督管理部门以国有资产向公司投资形成的股份。法人股是指由具有法人资格的组织以其可支配的财产向公司投资形成的股份。根据投资法人的不同，法人股又可以分为企业法人股、事业法人股和社会团体法人股三种。个人股是指以个人合法取得的财产向公司投资所形成的股份。外资股是指外国和中国港、澳、台地区的投资者以购买人民币特种股票的形式向公司投资形成的股份。它又可以进一步划分为法人外资股和个人外资股。

（6）A股、B股、H股、N股、S股。A股是向中国大陆的投资者发行的股份；B股是面对外国投资者，港、澳、台地区投资者，海外华侨发行的以外币购买的人民币特种股票；H股是在香港地区发行的；N股是在纽约证券市场发行的；S股是在新加坡证券市场发行的。

3．股票的概念和特征

股票是股份有限公司证券化的形式，是股份有限公司签发的证明股东所持股份的凭证。股票具有以下几个特征。

（1）股票是一种有价证券。所谓有价证券，是指证券代表的权利是一种财产性的权利，而且行使这种权利必须以持有证券作为条件。股票作为一种有价证券，所表示的是股东的财产权。由此，股票持有者可享有分配股息的权利；公司终止清算时，有取得公司剩余财产的权利等。同时股东权的存在要以股票的持有为条件。也就是说，股票的合法持有者就是股权的持有者。

（2）股票是一种证权证券，而非设权证券。所谓证权证券，是指证券所代表的权利已经存在，证券只起到一种权利证书的作用。股票是证明股东与公司之间股权关系的一种法律凭证。它仅仅具有一种权利证书的效力，并不创设股东权。

（3）股票是一种要式证券。股票的制作和记载必须依照法定的方式进行。我国《公司法》规定，股票必须载明的主要事项有：公司名称；公司登记成立的时间；股票种类、票面金额及代表的股份数；股票的编号；股票由董事长签名，公司盖章。发起人的股票，应当标明"发起人"字样。

（4）股票是一种流通证券。股票可以在市场上流通，是一种典型的流通证券。股票流通的方式有两种：一是上市交易，也就是在证券交易所挂牌交易；二是柜台交易。

（5）股票是一种风险证券。任何投资都有风险，但是股票这种投资方式是风险较大的一种。股东购买了股票后，就不得要求公司返还本金，股东可以将股票转让给第三者收回投资。股东的投资收益与公司的经营状况密切相关。公司经营业绩好，利润多，股利就多，股票价格较高，股东就可以实现投资目的。反之，公司经营业绩差，盈利就少，股票的价格就会下跌，股东进行投资购买股票的目的就不会实现。

（二）股份的发行

1. 股份发行的原则

我国《公司法》第一百二十六条规定，股份的发行应当实行公平、公正的原则，必须同股同权，同股同利。具体而言，股份有限公司发行股份应当做到：① 当公司公开向社会募集股份时，应就有关股份发行的信息依法公开披露；② 同次发行的股份，每股发行的价格和条件应当相同；③ 发行的同种股份，股东所享有的权力和利益应当是相等的。

2. 股票发行的价格

我国《公司法》第一百二十七条规定，股票发行价格可以按票面金额，也可以超过票面金额，但不得低于票面金额。以超过票面金额发行股票所得的溢价款，应列入公司资本公积金。

（三）股份的转让

股份发行实行自由转让的原则。每个股东都有权依照《公司法》的规定自由转让自己的股份。但是，为了保护公司、股东及债权人的利益，我国《公司法》对股份的转让做了必要的限制，主要有以下几个方面。

（1）对股份转让场所的限制。我国《公司法》第一百三十八条规定，股东转让其股份，应当在依法设立的证券交易所进行或者按照国务院规定的其他方式进行。

（2）对发起人持有本公司股份转让的限制。发起人持有的本公司的股份，自公司成立之日起1年内不得转让；公司公开发行股份前已经发行的股份，自公司股票在证券交易所上市之日起1年内不得转让。

（3）对董事、经理、高级管理人员持有本公司股份转让的限制。董事、经理、高级管理人员应当向公司申报所持有的本公司的股份及其变动情况，在任职期间内每次转让的股份不得超过其所持有本公司股份总数的25%。所持本公司股份自公司股票上市交易之日起1年内不得转让。上述人员在离职后半年内，不得转让其所持有的本公司的股票。

（四）股份和公司债券的区别

股份和公司债券都是公司筹集资本的手段，也都是投资者进行投资的方式，两者的区别有以下几方面。

（1）持券人的法律地位不同。公司债券的债权人只是作为民法上的一般债权人享有的权利，而股份所有人则是作为公司的组成成员，即股东，享有《公司法》规定的股东权利并承担股东义务。因此，股东有权参与公司的重大经营管理决策，而公司债券的持有者没有参与公司决策及经营的权利。

（2）收益多少不同。债券所得到的收益通常是事先预定的，股票所得到的收益通常是根据公司的经营业绩而定的。

（3）利益分配的方式不同。公司债券的债权人，无论公司是否盈利或盈利多少，债券到期，都有权要求公司还本付息。而股东只能在公司充分盈利时，才能要求公司分配红利。

（4）权利获得的对价方式不同。认购公司债券只能是货币，而认购股份除可以用货币外，还可以用实物、知识产权或土地使用权来抵缴。

（5）风险责任不同。公司债券是一般的民事债权债务关系，投资者购买公司债券，当债券到期，公司必须要还本付息，承担的风险较小；而认购公司股份，投资者（即股东）是否能够获得收益与公司的生产经营情况密切相关，风险较大。

第五节　外国公司分支机构

一、外国公司分支机构的概念和特征

（一）外国公司分支机构的概念

外国公司的分支机构是指外国公司依照我国《公司法》在我国境内设立的从事生产经营活动的分支机构。所谓外国公司是指依照外国法律在中国境外登记设立的公司。外国公司不是我国《公司法》的主体，《公司法》规定的是外国公司在中国设立的分支机构。

外国公司的分支机构和子公司并不相同，具体如下。

（1）从国籍看，外国公司的子公司如在中国境内设立则属于中国的公司；外国公司的分支机构的国籍隶属于外国公司。

（2）从其独立性看，子公司是独立的法人，而分支机构则不具有独立性，它在财产、名称和责任诸方面均依附于总公司。法人以自己的财产独立承担责任，法人的分支机构的责任则由法人承担。

（二）外国公司分支机构的特征

（1）隶属于外国公司。外国公司的分支机构必须由外国公司设立，并隶属于外国公司。

（2）依照我国《公司法》设立。外国公司依照外国法律设立，但是其分支机构必须依照所在国的法律设立。在我国《公司法》中，规定了外国公司的分支机构的设立程序、设立条件等。

（3）在我国境内设立。外国公司的分支机构必须在我国境内设立，才具有我国《公司法》上规定的外国公司分支机构的资格，依照我国《公司法》受到应有的保护。

所谓在我国境内设立，是指该外国公司分支机构必须在我国境内有确定的住所，有确定的代表人或代理人，有相应的经营活动资金，并开展连续的经营活动。

（4）从事生产经营活动。外国公司分支机构的设立，其目的是为了扩展公司的生产经营活动的范围，在国外开展经营活动。

（5）不具有独立的法人资格。外国公司的分支机构并非是独立法人，而仅仅是法人的组成部分。外国公司分支机构在中国境内进行生产经营活动所产生的民事责任，应当依法由设立该分支机构的外国公司承担。

二、外国公司分支机构的设立

（一）外国公司分支机构设立的条件

（1）外国公司的证明文件。外国公司在中国境内设立分支机构，必须提交包括公司章程、所属国的公司登记证书等足以反映该公司真实情况和合法资格的证明文件。其公司章程必须置备于该分支机构，供随时查阅。

（2）分支机构的名称。在外国公司分支机构的名称中，必须标明该外国公司的国籍及责任形式。

（3）分支机构的代表人和代理人。外国公司必须在中国境内指定负责其分支机构的代表人和代理人。

（4）分支机构的经营管理资金。外国公司必须向其在中国境内的分支机构拨付与其所从事的经营活动相适应的资金。必要时，国务院可以规定外国公司分支机构经营资金的最低限额。

（二）外国公司分支机构设立的程序

对外国公司在中国境内设立分支机构，我国《公司法》采取的是审批主义，即需要批准才能成立。外国公司在中国境内设立分支机构，必须向中国的主管机关提出申请。申请时应当提交下列文件：① 该外国公司的公司章程、所属国的公司登记证书等有关文件；② 该外国公司在中国境内指定的代表人或者代理人的姓名、住所及其有关身份证明文件；③ 该外国公司向其分支机构拨付经营资金的证明。

外国公司在中国境内设立分支机构的申请获得中国主管机关的批准之后，申请人凭批准文件，并提交公司登记所需的有关文件，向公司登记机关办理登记，领取营业执照。

三、外国公司的解散和清算

外国公司分支机构的解散原因一般分为自愿解散和强制解散。

自愿解散分为三种情况：① 外国公司做出撤回其在中国的分支机构的决定；② 外国公司分支机构本身要求撤销；③ 外国公司分支机构的经营期限届满。

强制解散的原因一般有：① 外国公司发生合并、分立、破产、自动歇业等事件致使该外国公司不复存在；② 该分支机构违反了中国的法律或者损害了我国社会公共利益，被有关部门查封或责令关闭；③ 该分支机构因不能偿还债务，其财产被强制执行，不能继续经营；④ 该分支机构在设立时有虚假陈述或者提交虚假文件等违法行为，被依法吊销营业执照。

外国分支机构解散的，应当依法进行清算。在自愿解散的情况下，清算人可由外国公司分支机构的负责人或者公司指定的其他人担任；在强制解散的情况下，应由有关主管机关指定人员担任。清算人的主要职责是清理财产、了结业务、清偿债务。在清偿债务以后，如有剩余财产，移交该外国公司。在清算结束前，分支机构的财产不得移往中国境外。

第七章　工业产权

第一节　商标法

一、商标的概念和特征

（一）商标的概念

《中华人民共和国商标法》（简称《商标法》）第八条规定，任何能够将自然人、法人或者其他组织的商品与他人的商品区别开的标志，包括文字、图形、字母、数字、三维标志、颜色组合和声音等，以及上述要素的组合，均可以作为商标申请注册。

（二）商标的特征

（1）商标是区别商品或服务来源的标记。生活中使用的其他标记，如社会团体的标章、徽记等虽然也具有识别作用，但它们不能作为商标。另外，用在商品或服务上的标记并不一定都是商标，只有用以区别于他人同类商品或服务的标记才是商标。

（2）商标是用于商品或服务上的标记。商标具有依附于商品或服务的从属性，它与所标志的商品或服务有紧密的联系，即有商品或服务存在，才有商标存在。

（3）商标的构成要素具有显著性。显著性是商标的本质属性，是商标能够获得注册的基本条件。商标的构成要素可以是词或词组、字母、数字、图案、名称、产品的形状或其外观、色彩的组合，以及上述要素或标志的组合。

二、商标的功能

商标的功能又称为商标的作用，是指商标在商品生产、交换或提供服务的过程中所具有的价值和发挥的作用。商标的功能主要有以下三种。

（1）表示商品服务的来源。商标的基本作用是识别不同的商品生产者和服务者，标明商品的出处。在现代社会中，商标的这一功能尤为重要。

（2）区别商品或服务的质量。商标代表不同的商品生产者和服务提供者，即使同一种商品、同一项服务，因生产者和服务者不同，其质量也会不同。

（3）便于广告宣传。在市场竞争中，利用商标进行广告宣传，可迅速为企业打开商品的销路。商标被称为商品的无声推销员，借助商标进行宣传，也是商品生产者或服务提供者提高其产品或服务知名度的较好途径。

三、商标的类型

商标按不同的标准，可做不同的分类。

（一）根据商标的结构或外观状态划分，可将商标分为视觉商标、听觉商标和味觉商标

（1）视觉商标是指商标的构成要素为可视性的文字、图形、色彩、三维标志及其组合的标记。视觉商标包括平面商标和立体商标两种。

（2）听觉商标又称为音响商标，是指以音符编成的一组音乐或以某种特点的音色为商品或服务的标记。它既可以是自然界中真实的声音，也可以是人工合成的非形状商标。《商标法》未保护听觉商标。

（3）味觉商标又称为气味商标，是指以某种特殊气味作为区别不同商品和不同服务项目的商标。因其不能通过视觉感知，故又称为非形状商标。《商标法》没有对味觉商标做出规定。

（二）按商标的使用对象划分，可将商标分为商品商标和服务商标

（1）商品商标是指商品的生产者或经营者为了使自己生产或经营的商品与他人生产或经营的商品相区分而使用的标志。例如，使用在汽车上的"奔驰""宝马"等标记，均为商品商标。

（2）服务商标是指提供服务的经营者为将自己提供的服务与他人提供的服务相区别而使用的标志。服务商标由文字、图形或其组合构成。例如，用于宾馆业的"香格里拉"标记，快餐业的"麦当劳""肯德基"标记等均为服务商标。

（三）根据标的使用目的划分，可将商标分为联合商标和防御商标

我国现行《商标法》未对联合商标和防御商标做出规定。但在商标实务中，已经有企业申请注册了这两种商标。注册这两种商标是为了保护其主商标，防止他人影射和搭便车。

（1）联合商标。联合商标是指同一个商标所有人在同一种商品或类似商品上注册

使用的若干个近似商标。在这些近似商标中，首先注册的或主要使用的商标为主商标，其他的商标为该主商标的联合商标。例如，杭州娃哈哈集团公司拥有中国驰名商标"娃哈哈"，为防止他人侵权，该公司又注册了"娃哈哈哈""哈娃""哈哈娃""娃娃哈""Wahaha"等商标。其特点是：一是联合商标不得分开转让。它们只能属于一个商标所有人。因此，联合商标不得分开转让或分开许可使用，必须整体处分。二是联合商标不受3年不使用就失效这一规定的限制。在要求商标必须注册和使用的国家里，通常都规定，只要使用了联合商标中的某一个商标，就可视为整个联合商标都符合使用的要求。三是联合商标的注册可起到积极的防卫作用，防止他人注册和使用与联合商标中的主商标相近似的商标。四是联合商标可起到商标储备作用，一旦市场需要，可调整商标策略，将备用商标调出来使用。

（2）防御商标。防御商标是指驰名商标所有人在不同类别的商品或服务上注册若干个相同商标，原来的商标为主商标，注册在其他类别的商品或服务上的为防御商标。例如，青岛海尔集团在冰箱、空调等产品上均注册了"海尔"商标。注册防御商标的目的是保护其主商标。其特点是：一是防御商标的注册人一般为驰名商标的所有人。一般而言，只有驰名商标所有人才有权申请注册防御商标。二是防御商标的构成要素应特别显著。一般的花、鸟等图形和名称的商标，在各个类别的商品上和服务项目上都已注满，只有特别显著的商标才能注册。三是防御商标一经注册，不因其闲置不用而被国家商标主管机关撤销。只要主商标在使用，防御商标也视为在使用。

四、商标权的取得及注册

商标权是指商标所有人对其商标所享有的独占的、排他的权利。在我国，由于商标权的取得实行注册原则，因此商标权实际上是因商标所有人申请、经国家商标局确认的专有权利，即因商标注册而产生的专有权。

（一）商标权的取得原则

商标权的取得原则是指根据什么原则和采取什么方法来获得商标权。一般需要遵循的原则有以下三种。

（1）使用原则，即使用取得商标权原则，是指商标权因商标的使用而自然产生，商标权根据商标使用事实而得以成立。

（2）注册原则，即注册取得商标权原则，是指商标权因注册事实而成立，只有注册商标才能取得商标权。

（3）混合原则，即折中原则，是指在确定商标权的成立时，兼顾使用与注册两种事实，商标权既可因注册而产生，也可因使用而成立。

（二）商标注册原则

1. 申请在先原则

申请在先原则是指两个或者两个以上的申请人，在同一种商品或者类似商品上，以相同或者近似的商标申请注册的，商标局受理最先提出的商标注册申请，对在后的商标注册申请予以驳回。申请在先是根据申请人提出商标注册申请的日期来确定的，商标注册的申请日期以商标局收到申请书件的日期为准。因此，应当将商标局收到申请书件的日期作为判定申请在先的标准。

2. 自愿注册原则

自愿注册原则是指商标使用人是否申请商标注册取决于自己的意愿。在自愿注册原则下，商标注册人对其注册商标享有专用权，受法律保护。未经注册的商标，可以在生产服务中使用，但其使用人不享有专用权，无权禁止他人在同种或类似商品上使用与其商标相同或近似的商标，但驰名商标除外。

3. 使用在先原则

在使用申请在先原则无法判定的情况下，采用使用在先原则。《商标法》第三十一条规定，两个或者两个以上的商标注册申请人，在同一种商品或者类似商品上，以相同或者近似的商标申请注册的，初步审定并公告申请在先的商标；同一天申请的，初步审定并公告使用在先的商标，驳回其他人的申请，不予公告。

五、商标注册的审查和核准

对符合《商标法》规定的商标申请，商标局应予以受理并开始对其进行审查。对商标申请进行审查，是商标能否核准注册的关键。《商标法》采用审查制。商标注册的审查和核准的具体程序如下。

（一）商标注册的形式审查

形式审查是指对商标注册的申请进行审查，看是否具备法定条件和手续，从而确定是否受理该申请。形式审查主要审查以下四个方面的内容。

（1）申请人的资格和申请程序。如果申请人不具备主体资格或超越了法人行为能力范围，则不能办理商标注册申请。

（2）申请文件。审查申请人提交的文件是否齐全，所填写的内容是否符合要求，是否已缴纳了有关费用。

（3）申请是否符合商标申请的有关原则。审查申请人填写申请书时是否按"一件商标一份申请"等原则进行申请。

（4）商标的申请日期，编写申请号。商标注册的申请日期，以商标局收到申请文件的日期为准。申请手续齐备并按照规定填写申请文件的，编写申请以退回，申请日期不予保留。

（二）商标注册的实质审查

实质审查是指对申请注册的商标的构成要素是否符合法定条件，以及商标是否混同等进行的审查。实质审查是商标申请能否取得权利的关键环节。实质审查的内容主要有以下三个方面。

（1）商标的种类和显著特征是否符合《商标法》的规定，违者予以驳回，不予注册。

（2）商标的构成要素是否违背《商标法》规定的禁用条款，违者予以驳回。

（3）商标是否与他人在同一种或类似商品上注册的商标相同或相似。

（三）初步审定并公告

经商标局审查，凡是符合上述条件的商标，予以初步审定并公告。初步审定是指商标局对申请注册的商标经过认真审查，如果符合《商标法》的有关规定，则做出可以初步核准的审定。初步审定的商标尚不具有商标专用权，要先在商标公告上公布，广泛征求社会公众的意见。如果申请注册的商标不符合以上条件，那么商标局会发给驳回通知书；如果商标局认为商标申请书可以修正，则发给审查意见书，限其在收到通知之日起十五日内修正；未作修正、超过期限修正或修正后仍不符合《商标法》有关规定的，驳回申请，发给申请人驳回通知书。

（四）异议及异议的复审

（1）申请商标的异议程序。对初步审定的商标，自公告之日起3个月内，任何人均可以提出异议。公告期满无异议的，予以核准注册，发给商标注册证，并予以公告。经裁定异议成立的，不予核准注册。

（2）异议的复审。商标局做出异议的裁定后，当事人不服的，可以自收到通知之日起15日内向商标评审委员会申请复审，由商标评审委员会做出裁定，并书面通知异议人和被异议人。当事人对商标评审委员会的裁定不服的，可自收到通知之日起30日内向人民法院起诉。人民法院应当通知商标复审程序的对方当事人作为第三人参加诉讼。

（五）商标的核准注册

对初步审定并公告的商标，公告期满无异议或经裁定异议不能成立的，由商标局核准注册，发予注册证并予以登记和公告。核准注册是申请人取得商标专用权的决定性环节。

六、商标权的内容

（一）商标权的概念和特征

1. 商标权的概念

商标权是指商标所有人依法对其注册商标所享有的专有权。注册商标与未注册商标的法律地位不同。我们国家允许使用未注册商标，但它不享有商标专用权。一方面，未注册商标使用人不得对抗其他人的使用；另一方面，如果未注册商标使用人不申请注册，他人就有可能抢先申请注册并取得商标的专用权。

2. 商标权的特征

（1）国家授予性。商标权的取得，要经过申请人的申请、国家主管机关的审批、核准公告后才能获得。商标权是国家授予的，不是自动取得的。

（2）权利内容的单一性。商标权尽管是一种民事权利，但其权利内容比较单一，不包含人身权，只有财产权。

（3）时间的相对永久性。商标权人只能在注册商标的有效期内享有商标专用权。商标有效期届满，应当进行注册，否则，该商标就不再受法律保护。

（二）商标权的具体内容

商标权的内容是指商标权人对其注册商标依法享有的一系列权利。其主要包括以下六个方面的内容。

（1）使用权，即商标权人对其注册商标的使用权利。

（2）转让权，即商标权人依照法定程序，将其所有的注册商标转让给他人的权利。

（3）许可权，即商标权人通过签订使用许可合同，许可他人使用其注册商标的权利。

（4）续展权，即注册商标期满时可继续申请商标法给予保护，从而延长其保护期限的权利。

（5）禁止权，即商标权人禁止他人使用其注册商标的权利。

（6）出质权，即商标权人将其注册商标向金融机构出质，实施贷款融资的权利。

（三）商标权的续展与终止

商标权的续展是指注册商标所有人为了在注册商标有效期满后，继续享有注册商标专用权，按规定申请并经批准延续其注册商标有效期的一种制度。商标权的续展制度有利于商标所有人根据自己的经营情况来进行选择。

注册商标有效期满需要继续使用的，应当在期满前6个月内申请续展注册；在此期间未能提出申请的，可给予6个月的宽展期。宽展期满仍未提出申请的，注销其注册商标。每次续展注册有效期为10年。续展注册经核准后，予以公告。

（四）注册商标无效制度

注册商标无效制度是指已经注册的商标发生了导致商标权无效的事由，商标局可以根据职权撤销该注册商标，由商标评审委员会根据第三人的请求来判定注销该商品商标的制度。

注册不当的商标是指违反《商标法》规定的禁用条款或者是以欺骗手段或其他不正当手段取得注册的商标。对注册不当的商标，应予以撤销。根据《商标法》有关规定，注册不当商标的表现形式有以下4种。

（1）使用了不得作为商标使用的禁用标志。《商标法》第十条规定，下列标志不得作为商标使用：① 同中华人民共和国的国家名称、国旗、国徽、国歌、军旗、军徽、军歌、勋章等相同或者近似的，以及同中央国家机关的名称、标志、所在地特定地点的名称或者标志性建筑物的名称、图形相同的；② 同外国的国家名称、国旗、国徽、军旗等相同或者近似的，但经该国政府同意的除外；③ 同政府间国际组织的名称、旗帜、徽记等相同或者近似的，但经该组织同意或者不易误导公众的除外；④ 与表明实施控制、予以保证的官方标志、检验印记相同或者近似的，但经授权的除外；⑤ 同"红十字""红新月"的名称、标志相同或者近似的；⑥ 带有民族歧视性的；⑦ 带有欺骗性，容易使公众对商品的质量等特点或者产地产生误认的；⑧ 有害于社会主义道德风尚或者有其他不良影响的。另外，县级以上行政区划的地名或者公众知晓的外国地名，不得作为商标。但是，地名具有其他含义或者作为集体商标、证明商标组成部分的除外；已经注册的使用地名的商标继续有效。

（2）使用了不得作为商标注册的禁用标志。《商标法》第十一条规定，不得作为商标注册的禁用标志包括：仅有本商品的通用名称、图形、型号的；仅直接表示商品的质量、主要原料、功能、用途、重量、数量及其他特点的；其他缺乏显著特征的。

（3）使用了申请立体商标注册禁用的标志。《商标法》第十二条规定，以三维标志申请注册商标的，仅由商品自身的性质产生的形状、为获得技术效果而需有的商品形状或者使商品具有实质性价值的形状，不得注册。

（4）以欺骗手段或其他不正当手段取得注册的。如虚构、隐瞒事实真相或伪造申请书及有关文件，以欺骗手段进行注册的，应当依法予以撤销。

七、商标权的许可使用及管理

商标权的许可使用是指商标权利人通过签订许可使用合同，许可他人使用其注册商标的行为。在使用许可关系中，商标权人为许可人，获得注册商标使用权的人为被许可人。许可他人使用其注册商标，被许可人只取得了注册商标的使用权，注册商标的所有权仍归属于商标权人。

（一）商标权的许可使用

许可他人使用注册商标是商标权人的一项重要权利，也是国际通用的一项法律制度。同时，商标权的使用许可是现代商标法所规定的重要内容之一。通过签订商标使用许可合同，商标权人可以获得商标使用许可费，被许可人可以获得注册商标的使用权，利用该注册商标打开自己产品的销路，占领市场，获取利益。

（二）商标权使用许可的形式

商标权使用许可的形式有以下三种：独占使用许可、排他使用许可和普通使用许可。

（1）独占使用许可。独占使用许可是指商标注册人在约定的期间、地域和以约定的方式，将该注册商标仅许可一个被许可人使用，商标注册人依约定不得使用该注册商标。

（2）排他使用许可。排他使用许可是指商标注册人在约定的期间、地域和以约定的方式，将该注册商标仅许可一个被许可人使用，商标注册人依约定可以使用该注册商标，但不得另行许可他人使用该注册商标。

（3）普通使用许可。普通使用许可是指商标注册人在约定的期间、地域和以约定的方式，许可他人使用其注册商标，并可自行使用该注册商标和许可他人使用其注册商标。

（三）商标管理

商标管理是指商标主管机关依法对商标的注册、使用、转让、印制等行为进行的监督、检查等活动的总称。我国的商标管理实行集中注册和分级管理相结合的管理机制。《商标法》第二条规定，国务院工商行政管理部门商标局主管全国商标注册和管理的工作；国务院工商行政管理部门设立商标评审委员会，负责处理商标争议事宜。

根据《商标法》和《中华共和国商标法实施条例》的有关规定，商标管理机关有权对注册商标的使用予以管理，主要包括以下几个方面。

（1）商标使用的范围是否属于商标局核定的商品范围的管理。

（2）商标标记的使用是否规范的管理。

（3）商标注册人是否及时变更商标注册事项的管理。擅自改变商标注册事项的行为一般有以下两种。

① 擅自改变注册商标的构成要素。根据《商标法》的规定，商标的构成要素包括文字、图形、字母、数字、三维标志和颜色的组合，以及上述要素的组合。

② 擅自改变注册人名义、地址或者其他注册事项。注册商标注册人的名义和地址的变更都必须办理变更登记，未及时办理登记手续的，将不发生商标专用权的转移或者灭失。

（4）商标注册人是否自行转让注册商标的管理。

（5）商标注册人是否存在连续 3 年停止使用的情况的管理。

（6）国家规定必须使用注册商标的商品是否使用注册商标的管理。

（7）已被撤销或者注销的注册商标的管理。

（8）对使用注册商标的商品质量的管理。

（9）"商标注册证"的管理。

（10）商标使用许可合同的管理。

八、驰名商标、集体商标、证明商标的保护

（一）驰名商标的概念和特征

驰名商标是指经过长期使用，在市场上享有较高声誉，并为公众所熟知的商标。驰名商标和一般商标相比，其特征主要有以下五项。

（1）驰名商标为公众所熟知。驰名商标的所有者经营的商品或提供的服务信誉卓著，其产品或服务质量优异，具有较高的知名度，深得消费者信赖，消费者认知程度很高。

（2）驰名商标在市场上享有较高信誉。驰名商标的商品一般是质量稳定和有较长的历史的商品，如"可口可乐"商标的使用已有百年时间。

（3）驰名商标使用的时间比较长。

（4）驰名商标的构成要素更具有显著性。驰名商标的设计一般比较突出、醒目，消费者易认易记，有很强的识别性。

（5）驰名商标的保护有其特殊性。

（二）集体商标的概念和特征

集体商标又称为团体商标，是指以团体、协会或其他组织名义注册，供该组织成员在商事活动中使用，以表明使用者在该组织中的成员资格的标志。集体商标权是由各成员共同使用的一项集体性权利，具有"共有性"或"公用性"。集体商标与普通商标相比具有如下特征。

（1）集体商标的申请注册人为某一组织体。集体商标的申请人一般为工商业团体、协会或其他组织，个人不能申请注册集体商标。

（2）集体商标的使用范围有明确规定。集体商标由该商标注册人的组织成员在商事活动中使用。

（3）集体商标的功能不同于一般商标。集体商标与普通商标均表明商品或服务的经营者，但集体商标表明商品或服务来自某组织。

（4）集体商标的申请要提交使用管理规则。申请集体商标注册的，产品或服务要按一定质量标准加以"统一"。另外，集体商标准许其组织成员使用时不必签订许可合同；集体商标失效后2年内（普通商标为1年），商标局不得核准与之相同或近似的商标注册。

（三）证明商标的概念和特征

证明商标又称为保证商标，是指由对某种商品或服务具有监督能力的组织控制，而由该组织以外的单位或个人使用其商品或服务，用于证明该商品或服务的原产地、原料、制作方法、质量或其他特定品质的标志。证明商标具有以下特征。

（1）申请人必须具有法人资格。证明商标的注册人必须是依法成立的，具有法人资格，且对商品和服务的特定品质具有检测和监督能力的组织，申请人一般为商会、机关或有关团体。

（2）证明该商品或服务的特定品质。证明商标表明商品或服务具有某种特定品质、原产地、原料、制作工艺和质量。

（3）注册人不能自己使用该证明商标。

（4）受让人有特殊要求。

第二节　专利法

一、专利、专利法与专利制度

（一）专利

"专利"一词在现代使用主要有以下三种含义。

（1）专利就是专利权的简称。它是一种法定权利，是指对一项发明创造，专利申请人依法向国家专利主管机关提出专利申请，经审查后，向专利申请人授予的规定时间内对该项发明创造享有的专有权利。

（2）专利是指专利权的客体，即取得专利权的发明创造。

（3）专利是指记载发明创造内容的专利文献，如说明书及其摘要、权利要求书等，即专利又可理解为公开的专利文献。

（二）专利法

专利法是国家制定的用以调整由发明创造活动而引起的各种社会关系的法律规范的总称。它的调整对象是一种特殊的社会关系。专利法具有以下几项特征。

（1）专利法是社会规范与科学技术规范相结合的法律规范。专利法是保护发明创造的法律规范，发明创造本身属于科学技术范式，即没有发明创造，就没有专利法。

（2）专利法既是实体法，又是行政程序法，是以实体法为主，与程序法相结合的法律规范，这表现在专利法不仅规定发明创造的权利人（即专利权人）的权利，而且规定有关专利权的申请、审查、取得与行使的程序等内容。

（3）专利法采用行政和民事相辅相成的结合式调整方式。

（三）专利制度

专利制度是依照专利法，授予专利权和公开发明创造，推动技术进步和创新以及经济发展的一种完整而系统的科学法律管理制度。专利制度有以下几项特征。

（1）法律保护。专利制度最本质的特征在于它是一种法律制度。专利法是专利制度的基础和其赖以建立的前提条件，是国家专利制度实施和专利工作顺利进行的保障，使专利制度的核心工作顺利进行。

（2）科学审查。要获得专利权，需经过科学审查。国家专利主管机关依法对申请专利的发明创造进行专利条件的审查。专利制度中的科学审查是现代科学技术发展的客观要求，也是保证专利质量的重要举措。

（3）技术公开。发明创造通过专利申请的公布或专利的颁布将技术内容向社会公开、传播。这是专利制度进步性的重要表现。

（4）国际交流。这是针对专利制度在国际范围内进行科学技术、贸易和经济等方面的交往而言的。专利制度对于推动国际技术交流起着重要的作用。

二、专利保护的客体

专利保护的客体是依法以专利形式保护的发明创造成果，依法授予专利、记载于专利文件之中已公开的技术成果。我国专利保护的客体有发明、实用新型和外观设计。

（一）发明

专利法中的发明是指发明人利用自然规律为解决某一技术领域存在的问题而提出的具有创造性水平的技术方案。所谓技术方案，是指利用自然规律解决人类生产、生活中某一特定技术问题的构思。《中华人民共和国专利法》（简称《专利法》）第二条第二款规定，发明是指对产品、方法或者其改进所提出的新的技术方案。作为专利客体的发明，必须具备两个属性：技术属性和发明的属性。

1. 技术属性

（1）发明是一种技术方案。专利法上的发明并不要求发明是技术本身，它只要求是技术方案即可。

（2）发明是利用自然规律在技术应用上的创造和革新，而不是单纯地揭示自然规律。

（3）发明是解决特定技术课题的技术方案，而不是单纯提出课题。当然，提出课题、发明构思往往是发明的先导。

（4）发明必须通过物品表现出来，或是在作用于物品的方法中表现出来。技术思想与技术方案本身都是观念性的东西，具体物品才是技术思想的载体。

专利法保护的发明具有一定的法律意义。因为被称为发明的新技术方案并不能自动成为专利保护的客体，所以要成为法律上的发明必须具备一定的法定条件。

2. 发明的种类

我国《专利法》确认的发明种类有产品发明、方法发明和改进发明。

（1）产品发明。产品发明是指经过人工制造，以有形形式出现的一切发明。它是人们通过创造性劳动创制出来的各种制成品或产品。这些产品是自然界从未有过的，也是人类社会从未有过的。未经人的加工而属于自然状态的东西不能称为产品发明，如野生药材、矿物质等。产品专利不保护制造方法，只保护产品本身。

（2）方法发明。方法发明是利用自然规律系统地作用于一个物品或物质，使之发生新的质变或成为另一种物品、物质的方法的发明。简言之，它是为解决某一特定技术问题所采取的手段、步骤。方法发明多种多样，通常包括制造方法的发明、化学方法的发明、生物方法的发明、将产品用于新用途的方法的发明。方法发明可以涉及全部过程，也可以只涉及其中某个步骤。

（3）改进发明。改进发明是指对已有的产品发明和方法发明提出实质性革新的技术方案。改进发明是在保护已知对象独特性的前提下，对已有产品或方法赋予新的特性或进行新的部分质变。例如，美国通用电气公司用特殊惰性气体的方法改进了爱迪生的白炽灯，显著地改善了白炽灯的质量，这就是改进发明。

（二）实用新型

1. 实用新型的概念

《专利法》第二条第三款规定，实用新型是指对产品的形状、构造或者其结合所提出的适于实用的新的技术方案。这个新的技术方案能够在工业上制造出具有使用价值或实际用途的产品。实用新型也是利用自然规律提出的新技术方案，这一点与发明是相同的。实用新型的确也是一种发明，只是其对创造性要求较低，保护范围比发明专利窄，通常人们称之为"小发明"。

2. 实用新型的特征

（1）实用新型必须是产品。这种产品是经过工业方法制造的占据一定空间的实体，如仪器、设备、日用品。这种产品也可以是物品或其中的一部分，只要这种物质能在工业上得到应用或使用。这一点体现了实用新型与发明保护范围的差异，发明既可以是产品，也可以是方法，而实用新型仅针对产品，不能是方法。

（2）实用新型必须是具有一定立体形状和结构或者是两者相结合的产物。形状是指外部能观察到的产品固定的主体外形，它不是装饰性的外表，而是具有一定技术效果的形状。

（3）实用新型应具有实用性。实用新型必须在产业上有直接的实用价值。例如，轮胎的花纹是为了防滑。如果产品的形状构造只是为了美观，就不能获得实用新型专利保护。

（4）实用新型的创造性较发明低。专利法一般仅要求实用新型具有实质特点和进步，而不要求如发明那样有突出的实质性特征和显著进步。

（三）外观设计

1. 外观设计的概念与特征

外观设计又称为工业品外观设计。《专利法》第二条第四款规定，外观设计是指对产品的整体或者局部的形状、图案或者其结合以及色彩与形状、图案的结合所作出的富有美感并适于工业应用的新设计。外观设计的特征有以下四项。

（1）外观设计是对产品的外表所做的设计。外观设计必须与产品有关，并与使用该外观设计的产品合为一体。外观设计涉及的是产品的外观，而不是该产品的结构、用途或制造技术。

（2）外观设计是关于产品形状、图案或者其结合以及色彩与形状、图案相结合的设计。常见的外观设计往往是对产品的形状、图案和色彩的结合。

（3）外观设计富有美感。授予外观设计专利的目的主要是促进商品外观的改进，既增加竞争能力，又丰富人们生活。外观设计美感应以消费者的眼光来衡量，只要多数消费者认为是美观的，就可以认为是富有美感的外观设计。

（4）外观设计必须是适合于工业上应用的新设计。适合于工业上应用是指使用外观设计的产品能通过工业生产过程大量地复制生产，也包括通过手工业形成批量生产。

2. 不受专利法保护的对象

并非一切发明创造都能够获得法律保护。《专利法》对不授予专利的客体也做了明确规定。

（1）违反法律、社会公德或者妨害公共利益的发明创造。

《专利法》第五条第一款规定，对违反法律、社会公德或者妨害公共利益的发明创造，不授予专利权。这里的法律是指由全国人民代表大会或全国人民代表大会常务委员会依照立法程序制定和颁布的法律，它不包括行政法规和规章。

① 违反法律的发明创造，如用于赌博的设备、机器，伪造公文、印章、文物的设备等，不能被授予专利权。发明创造本身的目的并没有违反国家法律，但是由于被盗用，而违反国家法律的，不属此列。

② 违反社会公德的发明创造，不利于我国精神文明建设，不能取得专利权。例如，带有暴力凶杀或者淫秽的图片或者照片的外观设计，不能被授予专利权。

③ 妨害公共利益的发明创造，是指发明创造的实施或使用会给公众或社会造成危害，或者会使国家和社会的正常秩序受到影响。

（2）违法获取或利用遗传资源，并依赖该遗传资源完成的发明创造。

《专利法》第五条第二款规定，对违反法律、行政法规的规定获取或者利用遗传资源，并依赖该遗传资源完成的发明创造，不授予专利权。

（3）科学发现。科学发现是指对客观世界存在的未知物质、现象、变化过程与特征和规律的揭示和认识，不是专利法意义上的发明创造，不能授予专利权。

（4）智力活动的规则和方法。智力活动是人的思维运动，它源于人的思维，是经过推理、分析和判断产生结果。智力活动的规则和方法是人们进行推理、分析、判断、记忆等思维活动的过程，不能在工业上使用，因而不是专利保护的客体。

（5）疾病的诊断和治疗方法。这是指确定或消除有生命的人体和动物体病灶及病因的步骤过程。它既不能在工业上应用，也不适用于专利保护。从社会人伦的角度考虑，也不允许垄断疾病诊断和治疗方法。

（6）动物和植物品种。这种发明是针对动物和植物品种本身而言的。《专利法》规定，对动物和植物品种不给予专利保护。但是动物和植物品种的生产方法可以取得专利。

（7）原子核变换方法和用该方法获得的物质。原子核变换方法是指使一个或几个原子核经分裂或者聚合形成一个或几个新原子核的过程、步骤。用原子核变换方法获得的物质是指用核裂变或核聚变的方法获得的元素或化合物。

（8）对平面印刷品的图案、色彩或两者的结合做出的主要起标识作用的设计。这类设计固然有一定的新颖性和创造性，但与外包装为主要特色的图案设计，属于对平面印刷品的图案、色彩或两者的结合的专利保护的本质不够协调，需要通过立法修改引导外观设计的创造者重视对产品本身外观的创新活动，以提高中国外观设计专利产品的国际竞争力。

三、专利权的主体

专利权的主体是指有权提出专利申请和获得专利权,并承担与此相适应义务的人。《专利法》规定,发明人和设计人及其合法受让人,发明人和设计人的工作单位以及外国的单位和个人可以成为专利权的主体。

1. 发明人或设计人

所谓发明人,是指对产品、方法或其改进提出新技术方案的人,或者对产品的形状、构造或其结合提出适用于实用的新方案的人。所谓设计人,是指对产品的形状、图案或其结合以及色彩与形状、图案的结合所做出的富有美感,并适用于工业应用的新设计的人。

2. 共同发明人或设计人

共同发明人或设计人是指两个或两个以上的人对同一发明创造共同构思创造,并都对其实质性特点做出了创造性贡献的人。此项发明创造称为共同发明。《专利法》第八条规定,两个以上单位或者个人合作完成的发明创造、一个单位或者个人接受其他单位或者个人委托所完成的发明创造,除另有协议的以外,申请专利的权利属于完成或者共同完成的单位或者个人。

3. 发明人或设计人的工作单位

《专利法》第六条规定,执行本单位的任务或者主要是利用本单位的物质技术条件所完成的发明创造为职务发明创造。与此相对的概念是非职务发明创造。职务发明创造分为以下四种类型。

(1)在本职工作中做出的发明创造。它既可以是因完成单位下达的本职工作范围的任务,也可以是作为日常本职工作的一部分由发明人或创造人主动完成的发明创造。即完成发明创造的行为发生在职务范围以内。

(2)履行本单位交付的本职工作之外的任务所做出的发明创造。这主要是按照单位的要求,工作人员承担的正常本职工作之外的短期或临时下达的任务,如发明人或设计人所在单位派往外单位解决某一技术问题所做出的发明创造。

(3)退职、退休或调动工作后1年内做出的,与其在原单位承担的本职工作或原单位分配的任务有关的发明创造。其应具备以下条件:一是该发明创造是在退职、退休或调动工作后1年内做出的。"1年内"应以正式办理调离或退职、退休手续之日算起。二是该发明创造须与其在原单位承担的本职工作或分配的任务有关,指与其在原单位承担的本职工作或分配任务的工作性质、业务范围和专业技术有联系。

(4)主要是利用本单位的物质技术条件完成的发明创造。本单位的物质技术条件包括本单位的资金、设备、零部件、原材料等或不对外公开的技术资料。如果仅仅是利用单位少量的物质条件,这种利用对发明创造的完成只起辅助作用,就不能认定是"主要利用"。

4. 外国人

外国人是具有外国国籍的自然人和依据外国法律成立并在外国登记注册的法人,包括外国自然人、外国企业和外国其他组织。《专利法》原则上承认外国自然人和法人在我国有申请专利和取得专利权的权利。

（1）在我国有经常居所或营业所的外国人。其指在我国境内长期居住、生活、工作的外国自然人和在我国设有机构、长期营业的外国公司、企业和其他组织。营业场所必须是真实有效的。《专利法》对这部分外国人给予与中国单位和个人完全相同的待遇,不附加任何条件或限制。这也是落实《巴黎公约》所规定的国民待遇原则的体现。

（2）在我国没有经常居所或营业所的外国人,这仅限于以下三种情况。

① 外国自然人或法人所属国与我国签订了共同承认申请并取得专利权的双边协定。

② 外国自然人或法人所属国与我国共同参加了相互承认申请并取得专利权的国际条约。

③ 虽不符合上述规定,但外国自然人或法人所属国允许我国自然人或法人去该国申请专利并取得专利权,依照互惠原则,我国也允许该自然人或法人在我国申请专利并取得专利权。

四、授予专利权的条件

一项发明创造要取得专利,必须具备一定的条件,包括形式条件和实质条件。即申请专利的发明创造本身有无专利性,通常又称为专利性或专利条件。

（一）发明、实用新型的专利条件

1. 新颖性

新颖性是指该发明或者实用新型既不属于现有技术,也没有任何单位或者个人就同样的发明或者实用新型在申请日以前向国务院专利行政部门提出过申请,并记载在申请日以后公布的专利申请文件或者公告的专利文件中。

2. 创造性

创造性是指与现有技术相比,该发明具有突出的实质性特征和显著的进步。现有技术是指申请日以前在国内外为公众所知的技术。这里具体的创造性有如下特征。

（1）发明有突出的实质性特点,是指发明相对于现有技术,对所属技术领域的技术人员来说,是非显而易见的。如果通过逻辑分析、推理或有限的试验可以得到,就不具备突出的实质性特点。

（2）发明有显著的进步，是指发明与最接近的现有技术相比能够产生有益的技术效果。例如，发明克服了现有技术中存在的缺点和不足，或者为解决某一技术问题提供了一种不同构思的技术方案，或者代表某种新的技术发展趋势。

3. 实用性

实用性又称为工业实用性或产业实用性，是指发明或者实用新型能够制造或者使用，并且能够产生积极效果。实用性涉及发明或实用新型能够在工业上制造或使用，而与发明或实用新型的产生方式或是否已实施无关，只与它们的可能应用有关。

（二）外观设计的专利条件

外观设计涉及的是产品外观的美学内容，归根到底，是一种外形或式样设计，与作为技术方案的发明和实用新型不同，故而其专利条件也不同。外观设计的专利申请授权需要具备如下条件。

1. 创新性

创新性是外观设计获得专利权的基本条件。它是指申请专利的外观设计与已经公开的外观设计不相同，即外观设计是前所未有的。在判断外观设计时，一定要把握公开标准、时间标准和地域标准。

2. 创造性

授予专利权的外观设计与现有设计或现有设计特征的组合相比，应当具有明显区别。即要求外观设计具有创造性的规定，有利于提高我国外观设计专利的授权标准、外观设计专利的质量，促进我国外观设计创新。

3. 美感性

外观设计的美感是一种视觉感受，以肉眼观察作为判断标准。美感作为主观认知活动的一个结果，个人主观色彩较浓，很难规定一个客观标准。但是它有一定的客观基础，即它取决于外观设计的形状、图案、色彩或有机结合。

4. 用于工业上应用

适用于工业上应用，即外观设计能够用于产品的制造。这种产品专利权的内容是指专利权人依法享有的权利及应承担的义务，是专利法律关系的构成要素之一。

五、专利权人的权利和义务

（一）专利权人的权利

1. 实施专利的权利

《专利法》也只是规定专利权人有权禁止他人实施其专利，没有规定专利权人有独占实权。在一般情况下，专利权人自己实施其专利的权利是不言而喻的。

2．禁止他人未经许可实施其专利的权利

专利权人有权禁止他人未经许可制造、使用、许诺销售、销售或进口其专利产品，或者使用其专利方法以及使用、许诺销售、销售、进口依该专利方法直接获得的产品。

3．许可他人实施其专利的权利

《专利法》规定，除法律另有规定外，任何单位或个人使用专利产品或实施专利方法都必须得到专利权人的许可。许可权的实质在于专利权人同意被许可人从事只能由专利权人进行的行为。

4．转让其专利的权利

专利权人有权将其专利的所有权转让给其他单位或个人。转让权和许可专利权原则上是自由的，但它也要受到一定的限制。它涉及的是专利所有权的转移，而不仅是专利使用权的转移。

5．在专利产品上附标记的权利

这一权利简称"标记权"，就是专利权人享有的在其专利产品或专利产品的包装上标明专利标记或者专利号的权利。专利标记是指专利权人在专利产品上或专利产品包装上注明其发明专利的标记。

6.从专利实施中获取经济收益的权利

专利权人既可以通过自己实施专利而获得报酬，也可以通过许可他人实施来取得收益，如获得专利使用费，或通过转让专利权而获得转让费。

（二）专利权人的义务

1．缴纳专利年费的义务

年费是专利权人为维持专利权的效力，从授予专利的当年开始，在专利权有效期内逐年向专利局缴纳的费用。专利权人因不可抗拒的事由未按时缴纳专利年费，从而造成权利丧失的，可在不可抗拒的事由消除之日起 2 个月内，请求恢复专利权。

2．实施专利的义务

所谓实施专利，是指将获得专利的发明创造应用于工业生产中，即制造取得专利的产品、应用取得专利的方法或在生产中使用取得专利的产品，其通常意义就是制造专利产品或使用专利方法。

六、专利权的期限、终止和无效

（一）专利权的期限

专利权的期限是专利局授予专利权从发生法律效力到失效之间的时间，是专利权受法律保护的期限。期限届满后,专利权不再受到法律保护。发明专利权的期限为20年,实用新型专利权和外观设计专利权的期限为10年,均自申请日起计算。

(二)专利权的终止

专利权的终止是指专利权在保护期届满以及保护期届满前,因法律规定的某种原因而失去效力。专利权因保护期届满而终止,是一种自然终止。《专利法》第四十四条规定,有下列情形之一的,专利权在期限届满前终止:没有按照规定缴纳年费的;专利权人以书面声明放弃其专利权的。专利权在期限届满前终止的,由国务院专利行政部门登记和公告。

(三)专利权的无效

专利权的无效是指被授予的专利权因不符合《专利法》的有关规定,而由有关单位或个人请求专利复审委员会通过行政审理程序宣告无效。《专利法》第四十五条规定,自国务院专利行政部门公告授予专利权之日起,任何单位或者个人认为该专利权的授予不符合本法有关规定的,可以请求国务院专利行政部门宣告该专利权无效。

请求宣告专利权无效是对一种具有法律效力的无形财产权进行剥夺或重新确认的重要法律行为。对此应注意以下条件要求。

(1)请求宣告专利权无效的可以是任何单位或个人,当然主要是与被请求宣告无效的专利权有利害关系的单位和个人。

(2)提出无效请求的法定时间是自专利局公告授予专利权之日起。

(3)请求人应向专利复审委员会提交专利权无效宣告请求书和有关文件,说明请求宣告无效所依据的事实和理由。

(4)请求人应按照规定缴纳无效宣告请求费,即应当自无效宣告请求之日起1个月内缴纳无效宣告请求费,期满未缴纳或未缴足的,被视为未提出请求,理应提交委托书并载明委托权限。

七、专利权的实施许可与转让

专利权的利用是专利权的生命线。贯彻专利法的最终目的是通过利用取得专利权的技术促进技术进步和经济发展。专利权的利用主要涉及专利实施许可及专利权的转让等问题。

(一)专利实施许可

1. 专利实施许可的概念与特征

专利实施许可,就是专利权人或其授权的人作为许可方许可他人在一定范围的专利实施许可。其具有以下特征：它是专利使用权的转让，而不是专利所有权的转让；被许可人应当支付专利使用费；应通过签订合同的方式实现；被许可人实施专利有一定时间、地点、范围的限制，不得超过合同约定的范围；被许可人依法取得的使用权受法律保护；包括专利权人在内的任何人不得侵犯。

2. 专利实施许可合同的类型

根据专利转让的范围和权限的不同，专利实施许可合同可分为以下几种类型。

（1）独占实施许可合同。根据这种合同，被许可方在约定的时间和地域内对许可方的专利享有独占使用权，包括许可方在内的其他任何人都不得在上述范围内使用该专利，许可方也不得在上述范围内就该专利技术与第三方签订许可合同。

（2）排他实施许可合同。这类合同又称为独家实施许可合同、独家许可证。根据这种合同，被许可方在合同约定的条件和范围内享有对该专利技术的独家使用权，许可方不得再向第三方发放同样的许可证，但许可方仍有在上述范围内实施其专利的权利。

（3）普通实施许可合同。这类合同又称为一般实施许可合同、一般许可或非独占许可证。根据这种合同，被许可人在约定的条件和范围内可以实施专利并取得利益，专利权人自己仍有使用其专利的权利，并且可就相同的条件和范围向第三方发放这种许可证，将专利的使用权转移给其他人。

（4）从属实施许可合同。这类合同又称为分实施许可合同、从属许可证、分许可证。它是与基本实施许可合同相对而言的。如果实施许可合同中允许被许可方再与第三方签订许可合同，那么被许可方与第三方签订的实施许可合同就是从属实施许可合同。

（5）交叉实施许可合同。这类合同又称为交叉许可证、相互许可证，一般是指当事人之间以专利技术作为合同标的进行对等交换的协议。例如，就改进发明和原发明、从属发明与基本发明有必要相互许可对方利用自己的专利，签订交叉实施许可合同。

3. 专利实施许可合同的内容

专利实施许可合同一般应包括以下条款：合同序言有关术语的定义；合同范围；技术情报和资料，保密事项；技术服务和人员培训；验收标准和方式；合同担保；违约金及赔偿数额的计算方法；技术的改进和发展；争议解决办法和适用的法律；合同生效、有效期等。其中，明确专利实施许可合同中双方当事人的义务是主要内容。

（二）专利权的转让

专利权的转让是指专利权人将其专利权转让给受让人所有，受让人支付一定报酬或价款，它涉及专利所有权的转移。专利权的转让使专利权的主体发生了变更。

专利权的转让应采取书面合同的方式，并要履行一定的手续。《专利法》第十条第三款规定，转让专利申请权或者专利权的，当事人应当订立书面合同，并向国务院专利行政部门登记，由国务院专利行政部门予以公告。专利申请权或者专利权的转让自登记之日起生效。可见，在我国专利申请权和专利权主体资格转让属于要式行为，转让一旦生效，受让人即可依法获得专利申请权。转让合同仅凭当事人签名或盖章不会发生效力，经过专利局登记和公告后才能实现。

专利权转让合同通常应包括以下条款：项目名称；发明创造的名称和内容；专利申请日、申请号、专利号和专利权的有效期限；专利实施和许可实施的情况；价款及支付方式；违约金或损害赔偿额的计算方法；争议解决方法等。

八、专利侵权行为及司法救济

（一）专利侵权行为

1. 专利侵权行为的概念

专利侵权行为是指在专利权有效期限内，行为人未经专利权人许可又无法律依据，以营利为目的实施他人专利的行为。它具有以下特征。

（1）侵害的对象是有效的专利。专利侵权必须以存在有效的专利为前提，实施专利授权以前的技术、已经被宣告无效、被专利权人放弃的专利或者专利权期限届满的技术，不构成侵权行为。

（2）必须有侵害行为，即行为人在客观上实施了侵害他人专利的行为。

（3）以生产经营为目的。非生产经营目的的实施，不构成侵权。

（4）违反了法律的规定，即行为人实施专利的行为未经专利权人的许可，又无法律依据。

2. 专利侵权行为的分类

专利侵权行为分为直接侵权行为和间接侵权行为两类。

（1）直接侵权行为是指直接由行为人实施的侵犯他人专利权的行为。其表现形式包括以下几种。

① 实施制造发明、实用新型、外观设计专利产品的行为。

② 实施使用发明、实用新型专利产品的行为。

③ 实施许诺销售发明、实用新型专利、外观设计专利产品的行为。

④ 实施销售发明、实用新型或外观设计专利产品的行为。

⑤ 实施进口发明、实用新型、外观设计专利产品的行为。

⑥ 实施使用专利方法以及使用、许诺销售、销售、进口依照该专利方法直接获得的产品的行为。

⑦ 实施假冒他人专利的行为。

（2）间接侵权行为是指行为人本身的行为并不直接构成对专利权的侵害，但实施了诱导、怂恿、教唆、帮助他人侵害专利权的行为。

（二）司法救济

根据《专利法》及其有关法律的规定，侵权行为人应当承担的法律责任包括民事责任、行政责任与刑事责任。

（1）民事责任。侵权行为人应承担的民事责任为：停止侵权、赔偿损失、消除影响等。

（2）行政责任。对专利侵权行为，管理专利工作的部门有权责令侵权行为人停止侵权行为、责令改正、罚款等。专利工作的部门应当事人的请求，还可以就侵犯专利权的赔偿数额进行调解。

（3）刑事责任。依照《专利法》和《刑法》的规定，假冒他人专利，情节严重的，应对直接责任人员追究刑事责任。

第八章 票据法律实务

第一节 票据法概述

一、票据的概念和种类

（一）票据的概念

"票据"一词有广义和狭义之分。广义的票据是指以证明或设定权利为目的而制成的各种有价证券和书面凭据，如提单、仓单、送货单、股票、国库券、债券、汇票、本票、支票等；狭义的票据专指《票据法》所规定的票据，即出票人依法签发的，约定由本人或委托他人在见票时无条件支付一定金额给收款人或持票人的有价证券。

（二）票据的种类

从世界范围来看，各国票据法对票据分类的规定不尽一致。如德国、瑞士等国票据法所指的票据就是本票和汇票，支票属另一种证券，由支票法调整。英国未使用票据这一概念，只是在汇票法中同时规定了本票和支票，支票包含在汇票之中。我国《票据法》所指的票据为狭义的票据，具体包括汇票、本票、支票三种。

二、票据的特征和功能

（一）票据的特征

1. 票据是完全有价证券

票据，即表示一定财产权利的文书，与一定的财产权利相结合，并以一定的货币金额表示其价值。票据上所表示的权利与票据的占有不可分离。票据的权利随票据的制作而发生，持票人拥有票据而得以行使票据权利。票据权利的发生、转移、行使，均须依持有票据才能进行。

2．票据是无因证券

所谓无因证券，也称为"不要因证券"，因票据上的法律关系只是单纯的金钱支付关系，票据的持票人行使票据权利时，只以持有票据为必要，无须说明其取得票据的原因，只要占有票据就可以行使票据权利。票据权利的存在和行使，不以如何取得证券的原因为要件。这种无因性的规定，有利于保障持票人的权利和票据的顺利流通。

3．票据是要式证券

票据的做成格式和记载事项都由法律严格规定，不按法律规定做成票据或缺少必须记载事项，会影响票据的效力，甚至会造成票据无效，因此，票据必须根据法律规定的格式制作才能有效。除《票据法》另有规定外，不具备法定格式的，不具有票据效力。

4．票据是文义证券

票据所创设的权利义务内容，必须以票据上依法记载的文字含义来确定，任何人都不能任意解释或者根据票据以外的任何其他文件来认定和改变票据上文字记载的意义。即使票据上记载的文义有误，也要以该文义为准。例如，当票据上记载的金额与实际金额不一致时，以票据上所记载的金额为准。

5．票据是流通证券

票据到期前，可以通过背书和交付的方式转让。票据的流通性是票据的基本特征，在英国、美国等西方国家就强调票据的流通性，以"流通证券"来形容票据。票据若不能流通，就会大大制约其功能的有效实现。

6．票据是设权证券

所谓设权证券，是指票据权利的取得是由票据行为所创设的。票据做成前，票据权利不存在，票据一经做成，票据上的权利便随之确立。票据权利是依票据的做成同时发生的，不是在票据形成前就固有的权利，没有票据，就没有票据上的权利。票据的作用在于创设一定的权利，该种特征区别于其他有价证券。如股票类的证权证券就是用来证明已经存在的权利，而非创设一种新权利。

7．票据是金钱债权证券

票据所代表的权利是金钱给付请求权，也即以一定金额的给付为标准的债权，因而票据是债权证券。也就是说，票据所创设的权利是金钱债权，票据持有人可以对票据记载的一定数额的金钱向票据的特定债务人行使请求付款权，所以票据是债权证券中的金钱债权证券。

（二）票据的功能

票据作为一种有价证券，其主要功能主要有以下6种。

1. 票据的汇兑功能

汇兑功能也即异地支付功能，是票据最原始的功能，代替异地输送现金的极佳的汇兑工具。特别是汇票出现后，票据的汇兑功能更是得到了极大的发挥，使得异地持票人能够凭借汇票在付款人处兑取货币，或者进行各种支付，这比现金支付更方便、安全，又节约费用。

2. 票据的支付功能

在交易中票据代替现金的使用又形成了支付功能。以票据作为支付工具，用于同城或异地贸易，既节省通货，又减少国家的货币发行量，还可以减少甚至杜绝大量携带现金的不方便和不安全因素，适应了贸易活动中支付的便捷、安全、迅速和准确的需要，资金的使用效益得以提高。

3. 票据的流通功能

票据作为支付工具的进一步发展就是流通功能的产生。流通功能是指票据权利可以通过背书交付方式进行转让，且无须通知债务人，只要票据符合要式就可以转让票据权利。票据可以通过多次背书不停地转让，同时背书人对票据的付款负有连带保证责任，因此，背书次数越多，则保证人越多，票据的可靠性就越强。

4. 票据的融资功能

票据的融资功能是指持票人在票据到期日前，可以通过有偿转让，实现资金周转。持票人面临资金周转困难时，可以通过贴付一定利息将票据权利转让给他人，或持票向银行请求贴现，而融得资金，满足需要。票据的融资功能主要是通过票据的转让和贴现来实现的。

5. 票据的信用功能

票据的信用功能是票据作为商业信用工具的体现，是指票据的出票人签发票据，指日付款或约定由他人代为付款，将未来可以取得的资金作为现在资金使用，使得资金的信用能力转变为当前的支付能力。票据即成了一种可靠的信用工具。

6. 票据的结算功能

在经济交往中，当双方当事人互为债权人和债务人时，债权人可以签发票据，指定自己的债务人向自己的债权人无条件支付一定金额，从而抵销相互之间的债权债务，此为票据的结算功能。这样做既简便了手续，又更迅速、安全。目前，各国都设立了票据交换中心和票据交换场所，以便于票据结算。

第二节　票据权利

一、票据权利的概念和特征

票据权利是民事权利的一种，是指持票人享有的向票据债务人请求支付票据金额的权利，它包括付款请求权和追索权。

票据权利具有以下几个特征。

1. 票据权利是一种证券性权利

由于票据行为无因性、要式性和独立性的特点，因此产生的票据权利就成为比一般民事债权效力更强的一种权利，表现出明显的证券化特征，即证券性权利。这种权利一经产生，就同作为证券的票据合而为一，密不可分。只有占有票据，才能取得票据权利；也只有依靠证券，票据权利才能行使。

2. 票据权利是单一性权利

票据权利与票据本身不可分割性的特点，决定了同一张票据不可能由两个以上的所有人同时占有，也就不可能出现两个以上的票据权利。因此，票据权利是一种单一性权利。

3. 票据权利是二次性权利

票据权利虽属金钱债权，但又不同于一般的债权。一般的债权通常只有一次性权利，而票据权利则有可能成为二次性权利，即权利人可向首先承担债务的主债务人先行使请求权，即付款请求权；当付款请求权不能得到实现时，再向从债务人行使追索权，亦即偿还请求权。

4. 票据权利是一种单纯的金钱给付请求权

票据是金钱债券，一方面，持票人向票据债务人所行使的请求权，其内容只能是请求票据债务人给付票面金额，不可能是除票面金额之外的其他任何请求；另一方面，持票人实现票据权利不负任何对价义务，票据债务人单方负担无对价给付的义务。

二、票据权利的法定种类

票据权利的法定种类有两种：一是付款请求权；二是追索权。

（1）付款请求权。付款请求权又称为第一次请求权，是指持票人对票据主债务人（如汇票的承兑人、本票的发票人、支票的保付人等）所享有的、依票据而行使请求其支付票据金额的权利。持票人必须首先向主债务人行使第一次请求权，而不能越过他直接行使追索权。

（2）追索权。追索权是指因持票人在第一次请求权未能实现的情况下，对票据的其他从债务人（如汇票、支票的发票人，汇票、本票的保证人，票据的背书人等付款义务人）所享有的、行使请求偿还票据所载金额的权利。追索权的行使以持票人第一次请求权未能实现为前提，是第二次请求权，亦即偿还请求权。

三、票据权利的取得

依取得票据权利的途径和方式不同，分为原始取得和继受取得。

1. 原始取得

票据权利的原始取得分为出票取得和善意取得。出票取得是指持票人依据出票人签发票据的出票行为而取得票据，成为最初取得票据权利的基本票据关系人，而不是从其他前手权利人处受让票据而取得票据权利；善意取得是指持票人依据《票据法》规定的票据转让方式，从无票据权利处分权人手中善意得到票据，从而取得票据权利。善意取得票据必须具备以下几个条件。

（1）票据转让人无转让票据的权利。

（2）票据受让人不知道或不应当知道票据转让人不具有票据处分权，取得票据时无恶意、无重大过失，即善意取得。

（3）必须依票据上的转让方法而取得，即以背书或直接交付而取得。

（4）票据受让人支付了对价。

不具备以上几个条件，就不构成善意取得，持票人也就不享有票据权利。我国《票据法》第十二条规定："以欺诈、偷盗或者胁迫等手段取得票据的，或者明知有前列情形，出于恶意取得票据的，不得享有票据权利。持票人因重大过失取得不符合本法规定的票据的，也不得享有票据权利。"

2. 继受取得

票据权利的继受取得是指持票人从有处分票据权利人处依法受让票据而取得票据权利，包括票据法上的继受取得和非票据法上的继受取得两种方式。前者是从票据持有人通过背书交付或单纯交付方式取得票据权利，由于票据是流通证券，票据权利通常都是通过这种方式取得；后者也称为民法上的继受取得，如因公司合并或分立、继承、赠与等情况的发生而依法取得票据权利。值得注意的是，合法取得票据，才能享有票据权利。我国《票据法》规定了两种恶意取得票据的情形：第一，以欺诈、偷盗或者胁迫等手段取得票据，或者明知有前列情形，出于恶意取得票据的，或者有重大过失取得票据的，不得享有票据权利；第二，以无偿或者不以相当对价取得票据的，不得享有优于其前手的票据权利。

四、票据权利的行使与保全

1. 票据权利的行使

票据权利的行使是指票据权利人向票据债务人提示票据，请求其履行票据义务，从而实现票据权利的行为。这包括两个方面，即持票人向主债务人请求付款而行使付款请求权和向从债务人追索票据金额行使追索权。所谓提示票据就是要求票据权利人应向债务人进行票据提示，提示的方式是将票据向票据债务人出示，以此请求票据债务人履行义务。《票据法》规定，持票人行使票据权利，应当依照法定程序在票据上签章，并出示票据。

2. 票据权利的保全

票据权利的保全是指票据权利人为防止票据权利丧失所进行的行为，如按期进行票据提示、向法院提起诉讼中断时效、做成拒绝证书等。

（1）按期进行票据提示。按期进行票据提示是指持票人在法定期间内提示票据行使票据权利，也是保全票据权利的一种方式。《票据法》明确规定持票人只有在法定期间内提示票据请求付款被拒绝后，方可行使追索权。

（2）做成拒绝证书。拒绝证书是持票人在法定或约定期间内为保全票据权利而行使请求承兑或请求付款被拒绝时，请求拒绝之人出具拒绝承兑或拒绝付款的书面证明。拒绝证书是持票人行使追索权所必需的证明文件，主要包括拒绝承兑证书和拒绝付款证书。拒绝证书一般由持票人向公证处、法院或银行申请。

（3）中断时效。中断时效是指在票据有效期间内，持票人向法院提起诉讼，要求因法定事由出现致使已经过的时效期间归于无效，待时效中断的事由消除后，诉讼时效期间重新起算的制度。如某汇票从 3 月 1 日生效，有效期为 1 个月。3 月 26 日持票人因某种理由向法院提起诉讼，要求中断时效，即以前的天无效，从 26 日起重新计算时效。

3. 票据权利行使和保全的处所与时间

根据《票据法》第十六条的规定，持票人对票据债务人行使票据权利，或者保全票据权利，应当在票据当事人的营业场所和营业时间内进行，票据当事人无营业场所的，应当在其住所进行。

五、票据权利的消灭

票据权利的消灭是指票据权利因法定事由的出现而不复存在，从而使票据上的付款请求权和追索权失去法律效力，依附于票据上的债权债务关系也归于消灭。票据权利的消灭以票据权利曾经存在为前提,只是基于付款人的付款、被追索人偿还票据金额、保全手续欠缺、票据灭失、票据时效届满等法定事由的出现而消灭,同时民法上的抵消、混同、提存、免除等债权的消灭事由也可使票据权利消灭。

第三节　票据行为

一、票据行为的概念和特征

1. 票据行为的概念

票据行为有广义、狭义之分。广义的票据行为是指能引起票据法律关系发生、变更或消灭的一切法律行为,如出票、背书、涂改、禁止背书、付款、保证、承兑、参加承兑、划线、保付等。狭义的票据行为仅指以设立、变更、终止票据权利义务关系为目的而实施的法律行为,有出票、背书、保证、承兑、参加承兑、保付六种,其中创设票据的行为,即出票行为为基本票据行为,由出票行为引起的其他票据行为为附属票据行为。

2. 票据行为的特征

票据行为与一般的法律行为相比,具有以下特征。

(1)要式性。要式性是指票据行为是一种严格的书面行为,应当遵循法定的款式,在票据上记载法定事项,同时票据行为人必须在票据上签章,其票据行为才能产生法律效力。违反票据行为的要式性规定,除法律特殊规定外,一律为无效票据行为。票据行为的要式性有利于票据的安全流通。

(2)文义性。文义性是指票据行为的内容均依票据上所载的文义而定,任何人不得以任何事由或其他书面材料来对票据文义进行补充、更改,即使行为人的意思表示或实际情形与票面记载内容不符,也以票据记载内容为准,这是票据要式性的具体体现。票据行为人根据票据记载内容承担票据责任。

(3)无因性。无因性是指票据行为只要具备签名加交付的法定形式要件,便产生法律效力,而和票据行为实施的原因毫不相干。即使其基础关系(又称为实质关系)因有缺陷而无效,票据行为的效力仍不受影响。如 A 签发汇票给 B,签发票据的原因是 A 租赁了 B 的土地,之后因法定事由的出现,租赁行为无效,也并不能免除 A 对 B 的票据责任,出票行为仍然有效,如果 B 背书转让了该汇票,受让人依然可以依法取得票据权利。至于 A 与 B 之间的土地租赁纠纷只能另行解决。

（4）独立性。独立性是指在同一票据有数个票据行为的，各个票据行为互不影响，各自独立发生其法律效力。一行为的无效，并不当然导致其他有效行为的无效，有效行为的行为人仍须就票据记载内容承担责任。如无民事行为能力人的票据签章虽然无效，但有行为能力人已在票据上背书、承兑，则背书、承兑有效；票据本身或票据上的签字是伪造、变造的，也不能改变票据上的真实签名的效力；被保证的债务无效，保证人就其在票据上的签名和记载文义承担保证责任，保证行为仍然有效。票据行为独立性原则的规定，保证了票据的流通和社会交易的安全。

二、票据行为的种类

一般认为，票据行为有出票、背书、保证、承兑、参加承兑、保付六种。不同的票据所涉及的票据行为是不同的，如出票、背书是各种票据都共有的行为；而有的行为只是某种票据才独有的，如承兑、参加承兑就是汇票所特有的行为，保付也是只有支票才有的行为。我国《票据法》只规定了出票、背书、承兑和保证四种票据行为。

1. 出票

出票也称为发票，即出票人依法定格式签发票据，并将其交付给收款人的行为。它包括"制成"和"交付"两种行为。票据要经过出票才形成票据权利义务关系，所以出票是最基本的票据行为，也是其他票据行为得以实现的基础。

2. 背书

背书是指持票人将票据权利转让他人时在票据背面或者粘单上记载有关事项并签章的票据行为。票据的特点在于其流通。除单纯交付之外，背书是票据转让的一种重要方式。背书是持票人转让票据权利的行为，背书的行为人称为背书人，接受其交付的人称为被背书人。票据一经背书转让，票据上的权利也随之转让给被背书人。由于票据的流通性，就赋予了背书支付和担保的功能；又由于票据行为具有连带性的特点，因而背书的次数越多，票据的担保人也越多，票据的可信度就越高，持票人实现票据权利的可能性就越大。

3. 承兑

承兑是指汇票付款人承诺在汇票到期日支付汇票金额的票据行为。承兑是汇票付款人承诺，为承兑人的单方法律行为。汇票的发票人和付款人之间是一种委托关系，不是合同关系。发票人签发汇票，并不等于付款人就一定付款，持票人为确定汇票到期时能得到付款，在汇票到期前向付款人进行承兑提示。如果付款人签字承兑，那么承兑人就成为票据的主债务人，就对汇票的到期付款承担付款人义务，否则持票人有权对其提起诉讼。承兑不适用于支票和本票，支票属于见票即付的票据，无须承兑；本票是自付票据，出票人就是付款人，没有承兑一说，所以承兑是汇票独有的行为。

4. 保证

保证是指票据保证人以担保票据债务的履行为目的而在已发行的票据或粘单上所为的、承诺愿意与被保证人承担相同票据责任的票据行为。票据保证的目的是担保持票人取得票据权利，适用于汇票和本票，不适用于见票即付的支票。

三、票据行为的成立要件

票据行为作为民事法律行为的一种，必须具备法律行为成立的要件。

1. 实质要件

（1）行为人具有从事票据行为的能力，包括票据权利能力和票据行为能力。即行为人可以享有和通过自己的独立票据行为取得票据上的权利与承担票据上的义务的资格。

（2）行为人的意思表示须合法、真实。票据行为应当遵循诚实守信原则，票据的签发、取得、转让须遵循法律的规定。票据行为是行为人的真实意思，意思表示不存在法律上的障碍或欠缺。

2. 形式要件

票据行为是一种要式行为，必须符合法律法规规定的形式要件。具体包括书面形式、记载事项、签章和交付四个方面的内容。

（1）书面形式。票据的特征之一是要式证券，出票、背书、承兑、保证等各种票据行为均须以书面为之，并以书面记载的内容为准。

（2）记载事项。根据记载事项的效力不同，可分为应当记载事项、相对必要记载事项、禁止记载事项和不发生票据法效力的记载事项。

（3）签章。签章是票据应记载的事项之一，也是票据行为人承担票据责任的必要表示方法。各国票据法都对签章做了规定，任何一种票据行为均须由行为人在票据上亲自书写自己真实的名字，不得签艺名、笔名，有的国家票据法除要求有签名外，还要求盖章。

（4）交付。交付是指票据行为人将票据交给相对人持有。票据是提示证券、占有证券和返还证券，无论是出票还是背书、承兑、保证、付款等，均须把签章后的票据交付到相对人的手中，这时票据行为完成并发生法律效力，相对人才能据以行使票据权利或承担票据义务。

四、票据行为的代理

票据行为是一种民事行为，民法上有关民事法律行为代理的规定，也适用于票据行为。票据为绝对票式证券，票据代理为票据证券行为，有严格的书面性和示义性，其形式要件依照票据法规定，比民法上的代理更注重形式外观。各国票据上的代理都实行"严格的显名主义"，即要求在票据上表明代理关系。如果没有表明代理关系，即使是真正的代理人，也应自己承担票据上的责任。我国《票据法》第五条规定，票据当事人可以委托其代理人在票据上签章，并应当在票据上表明其代理关系。没有代理权而以代理人名义在票据上签章的，应当由签章人承担票据责任；代理人超越代理权限的，应当就其超越权限的部分承担票据责任。

代理可分为意定代理和法定代理两种。前者是由委托、雇佣等契约而被授权的代理；后者是由法律的规定、法院的指派或选任行为而被授权的代理。法定代理权依法律的规定而规定。票据代理的成立必须具备三个条件：第一，票据上有表示本人身份的记载；第二，票据上有表示"代理目的"的记载；第三，票据代理人的签名。

五、票据的伪造、变造、更改、涂销

票据的伪造是指以行使票据上权利义务为目的，假冒他人的名义而进行的票据行为。票据的伪造包括：① 出票的伪造，即假冒他人名义而为出票行为签发票据；② 签章的伪造，即以假冒他人的名义为出票行为签章的票据行为。

票据的变造是指没有变更权限的人采用技术手段不法变更票据上已经记载事项的内容，从而达到变更票据权利义务关系的目的，是指票据上签章之外的事项的行为。

票据的伪造主要是针对票据上的签章事项，其目的在于伪造票据债务人。票据的变造主要是针对签章以外的其他事项，其目的在于变更票据责任的内容。我国《票据法》第十四条规定：票据上的记载事项应当真实，不得伪造、变造。伪造、变造票据上的签章和其他记载事项的，应当承担法律责任。票据上有伪造、变造的签章的，不影响票据上其他真实签章的效力。票据上其他记载事项被变造的，在变造之前签章的人，对原记载事项负责；在变造之后签章的人，对变造之后的记载事项负责；不能辨别是在票据被变造之前或者之后签章的，视同在变造之前签章。

票据的更改是指拥有票据的原记载人依照票据法的规定，更改票据上的记载事项的行为。票据的更改应注意以下几点：① 更改是有更改权的人的行为，限于原记载人，无更改权的人更改的票据行为属于伪造和变造。② 原记载人只能更改票据法允许更改的记载事项，对票据金额、日期、收款人名称不得更改。否则，更改的票据无效。③ 原记载人须在更改之处签章证明，否则不发生变更的效力。更改须经持票人和其他签章人同意。例如，票据债务人未经其保证人同意而更改票据，该保证人则可视更改的内容，主张其保证责任范围，若更改后果对保证人增加不利的，保证人便可依更改之前的文义承担责任。

票据的涂销是指票据权利人故意涂抹消除票据上的签名或其他记载事项的行为。

票据权利人对票据权利有处分权，故意涂销的，发生改变票据权利义务的效果，被涂销部分的权利义务归于消灭；被非故意涂销的，不能改变票据上原有的权利义务。例如，不小心将汤汁洒在票据上，使文字模糊不清，即不能改变原有票据的权利义务。

第四节　票据抗辩与补救

一、票据抗辩的概念

票据抗辩即票据抗辩权，是指票据债务人依照《票据法》享有的，向持票人提出相应的理由和事实，拒绝履行票据债务的权利。

根据《票据法》的规定，正当的票据抗辩应当具备以下 5 个条件。

（1）进行票据抗辩的主体是票据债务人。抗辩权是债务人针对债权人请求履行债务提出的，目的是不履行票据债务，所以进行票据抗辩的主体必定是票据的债务人，债权人提出的是请求权。

（2）票据抗辩的对象是票据债权人的债权请求。债务人只能在债权人要求其按票据上记载的金额支付或偿还款项时，针对债权人的请求内容行使抗辩权，否则不能行使抗辩权。

（3）票据抗辩所提出的事由必须是法定的。即必须有某些法定事由，如果没有法定事由而肆意行使票据抗辩权，则抗辩无效，要承担法律责任。

（4）票据抗辩必须针对票据上记载的全部金额。我国《票据法》规定了票据金额不得更改，更改的票据无效；将汇票金额的一部分转让的背书或者将汇票金额分别转让给两人以上的背书无效。

（5）票据抗辩的方式应当采用书面形式。由于票据是文义、要式证券，因此票据抗辩也有严格的书面要求。我国《票据法》明确规定："持票人提示承兑或者提示付款被拒绝的，承兑人或者付款人必须出具拒绝证明，或者出具退票理由书。未出具拒绝证明或者退票理由书的，应当承担由此产生的民事责任。"

二、票据抗辩的种类

在票据法理论上，一般将票据抗辩分为对物的抗辩和对人的抗辩两大类。

（1）对物的抗辩，又称为绝对抗辩，是指基于票据本身所存在的事由而对票据债权人提出的抗辩。如票据本身无效、票据债权已经消灭、票据时效届满、票据欠缺绝对必要记载事项等，都可以引起票据抗辩行为的发生。因为对物的抗辩并不考虑持票人是谁，任何票据债务人均可向持票人主张抗辩，所以也称为绝对抗辩。

（2）对人的抗辩，又称为相对抗辩、主观抗辩，是指票据债务人基于和特定的票据债权人之间的法定原因或其他原因关系而发生，对抗特定票据债权人的抗辩。

根据行使抗辩权的债务人的不同，对人的抗辩可分为如下两大类。

（1）任何票据债务人可以对特定票据债权人行使的抗辩。此类抗辩主要是针对特定票据债权人的资格而言的，具体包括以下几种情形。

① 票据债权人欠缺实质上受领票据金额的资格。例如，当持票人被宣告破产或者其票据债权已被法院扣押禁止付款时，该所有的票据债务人均可以持票人依法已不能向票据上的任何债务人主张权利为由提出抗辩。

② 票据债权人恶意取得票据，因而不享有票据权利。我国《票据法》规定，以恶意或重大过失取得票据的，不得享有票据权利，因此不能成为真正的票据权利人，票据债务人可以此提出抗辩。

③ 票据债权人欠缺形式上受领票据金额的资格。此种抗辩是基于背书不连续发生的抗辩。票据债务人可以此为由进行抗辩。

（2）特定被请求人对特定持票人主张的抗辩。此类抗辩是基于直接当事人之间的原因关系或者特别约定而产生的抗辩，具体包括以下几种情形。

① 原因关系非法、不存在或消灭的抗辩。按照票据的无因性和文义性，为保证票据的流通，因此签发票据或转让票据的原因关系是否合法、有效及成立，原则上与票据权利没有关系。但是在直接当事人之间却可以基于原因关系主张抗辩。例如，票据是作为买卖毒品应付款项发出的。

② 没有对价的抗辩。对价是指票据双方当事人认可的相对应的代价，票据的取得，必须给付对价，否则，直接当事人之间也可以基于没有对价而抗辩。

③ 票据行为无效。票据行为无效的抗辩，也称为欠缺交付行为的抗辩，即针对票据行为的瑕疵进行的抗辩。这主要是针对恶意取得票据的持票人，如通过欺诈、胁迫、偷盗等方式取得票据的人。

三、票据抗辩的限制

票据抗辩的限制又称为票据抗辩的补救，即是票据法规定的票据债务人对特定持票人不得抗辩的限制。我国《票据法》第十三条规定："票据债务人不得以自己与出票人或者与持票人的前手之间的抗辩事由，对抗持票人。但是，持票人明知存在抗辩事由而取得票据的除外。"票据抗辩限制的基本原理就是将抗辩事由限定在票据债务人与其直接相对人之间，善意受让票据的持票人，不受票据债务人与其相对人之间抗辩事由的影响。所以,从票据抗辩的内容上来看,票据抗辩权的限制只发生在票据流通中与"人的抗辩"有联系的场合。从"物的抗辩"来说,由于票据权利不存在或者无效,票据债务人可对任何持票人行使票据抗辩权,因此,就不存在对"物的抗辩"权的限制了。同时对"人的抗辩"也限制在特定票据债务人与特定持票人之间,不把这些抗辩扩大到其他善意取得人,也就是说,票据转让,债务人对让与人的抗辩就不能随债权而转移到受让人身上。例如发票人甲因向乙购货,签发本票给乙,约定两个月后交货。但到时乙不能交货,反而持甲签发的本票向甲请求付款,甲可以向乙行使票据抗辩权。但如果乙已将甲签发的本票通过背书的形式转让给善意持票人丙,丙于本票到期日向甲请求付款时,甲不得以乙未交货这一事由对抗丙的请求权。

第五节　汇票

一、汇票的概念和特征

1. 汇票的概念

汇票是出票人签发的、委托付款人在见票时或者在指定日期无条件支付确定金额给收款人或者持票人的一种票据。

2. 汇票的特征

汇票与其他票据相比,具有以下特征。

(1)汇票关系的基本当事人有三方,即出票人、收款人和付款人。本票只有两方当事人,即出票人和收款人,本票的出票人就是付款人。汇票在付款人方面与支票不同,支票的付款人只能是从事金融服务的金融机构,而汇票的付款人没有此限制,既可以是金融机构,也可以是企事业单位。

(2)汇票有承兑制度。承兑是远期汇票的付款人承诺在汇票到期日无条件支付汇票金额的票据行为。汇票上记载的付款人并没有当然的无条件付款的义务,只有付款人在票据上做出"承兑"字样后,承兑人才成为真正的付款人。

(3)汇票是信用票据。由于票据具有信用功能,因此汇票既可以是见票即付的即期汇票,也可以是记载将来某个日期为付款日的远期汇票,即期汇票没有信用功能,但是远期汇票则具有信用功能。

二、汇票的种类

根据出票人的身份不同，汇票可以分为银行汇票和商业汇票。

（1）银行汇票。银行汇票是指汇款人将确定的款项交存所选定的银行，由银行签发给汇款人持往异地办理转账结算或提取现金的票据。根据银行汇票的用途不同，可将银行汇票分为现金银行汇票和转账银行汇票两种。

（2）商业汇票。商业汇票是由非银行机构作为出票人签发的，委托付款人在指定日期无条件支付确定的金额给收款人或者持票人的票据。根据承兑人的不同，商业汇票可以分为银行承兑汇票和商业承兑汇票。

根据汇票上记载的付款时间的不同，汇票可以分为即期汇票与远期汇票。

（1）即期汇票。即期汇票是指汇票的出票日就为到期日，持票人可以随时请求付款人付款，无须提前通知付款人准备履行义务，付款人见票就必须支付的汇票。

（2）远期汇票。远期汇票是指约定了一定到期日付款的汇票，付款人在到期日时承担付款责任。远期汇票又分定日付款的汇票、出票后定期付款的汇票和见票后定期付款的汇票三种。

根据汇票对权利人记载的方式不同，汇票可以分为记名汇票与无记名汇票。

（1）记名汇票。记名汇票是指出票人在汇票上明确记载了收款人的姓名或商号的汇票，也称为"抬头汇票"。

（2）无记名汇票。无记名汇票是指出票人在汇票上不记载收款人的姓名或名称，或者将其记载为"持票人"或"来人"的汇票。凡持票人都可以享有票据权利，直接向付款人请求承兑和请求付款。

三、汇票的票据行为

1. 出票

出票是指出票人依照《票据法》的要求，签发票据并将其交给收款人的票据行为。出票属于创立票据的行为，票据的背书、保证、承兑、追索等都发生在出票行为之后，因而又称为基本票据行为。它包括两个环节：一是签发；二是交付。《票据法》第二十一条规定："汇票的出票人必须与付款人具有真实的委托付款关系，并且具有支付汇票金额的可靠资金来源。不得签发无对价的汇票用以骗取银行或者其他票据当事人的资金。"

2. 出票时记载的事项

（1）绝对必要记载事项。绝对必要记载事项，在《票据法》上称为"必须记载的事项"，欠缺这些事项将不能使票据生效。《票据法》第二十二条规定，汇票必须记载下列事项：表明"汇票"的字样、无条件支付的委托、确定的金额、付款人名称、收款人名称、出票日期、出票人签章。

（2）相对必要记载事项。相对必要记载事项是指《票据法》规定应当记载而未做记载并不必然导致票据无效的事项，该事项可以依据法律的推定而存在。《票据法》第二十三条规定："汇票上记载付款日期、付款地、出票地等事项的，应当清楚、明确。汇票上未记载付款日期的，为见票即付。汇票上未记载付款地的，付款人的营业场所、住所或者经常居住地为付款地。汇票上未记载出票地的，出票人的营业场所、住所或者经常居住地为出票地。"从《票据法》的规定中可知，汇票的相对必要记载事项有三项，即付款日期、付款地、出票地。

（3）任意记载事项。任意记载事项是指《票据法》当事人按其意思决定是否记载，不记载不会使票据无效，法律也不推定效果，但是一经记载即发生票据法上效力的事项。如《票据法》第二十七条第二款规定，出票人在汇票上记载"不得转让"字样的，汇票不得转让。"不得转让"属于汇票的任意记载事项。

（4）禁止记载事项。禁止记载事项是指根据《票据法》的规定，禁止记载于票据上，如果记载了也不发生票据效力或者票据无效的事项。

3．背书

（1）背书的概念。背书是指在票据的背面或粘贴单上记载有关事项并签章的票据行为。背书是转让票据权利的一种方式，也是票据得以流通的基础。它分为转让背书和非转让背书。转让背书是以转让票据权利为目的背书，转让人为背书人，被转让人为被背书人。非转让背书包括授权背书和质押背书。

（2）背书的记载事项。① 绝对必要记载事项。根据《票据法》的规定，背书必须记载背书人签章、被背书人名称和背书日期。背书未记载日期的，视为在汇票到期日前背书。背书在粘单上进行的，粘单上的第一记载人，应在汇票和粘单的粘接处签章。② 可以记载事项。根据《票据法》的规定，汇票上可以记载"不得转让"字样。背书人记载"不得转让"字样的汇票，不得转让，其后手若再背书转让的，原背书人对后手的被背书人不承担保证责任。③ 不得记载事项。根据《票据法》的规定，背书不得附有条件，附有条件的，所附条件不具有汇票上的效力，背书转让仍然有效。因此，附条件的背书属于无益的记载事项，即使记载也并不影响票据行为的效力。

值得注意的是，背书必须将汇票金额完全转让同一人，部分转让或将汇票金额分别转让给两人以上的背书无效。

4．承兑

1）承兑的概念

承兑是指汇票付款人承诺在汇票到期日无条件支付汇票金额，并将其记载于汇票正面加签章的一种票据行为。承兑以汇票的出票为前提，承兑只能由汇票上记载的付款人进行。承兑后，承兑人就是该汇票的主债务人，承担付款义务。

2）承兑的程序和方式

汇票的承兑是由持票人与付款人共同完成的。从程序上来讲，可分为持票人提示承兑、付款人承兑。

（1）持票人提示承兑。提示承兑是指持票人依法向付款人实际出示和交付汇票，并请求付款人承诺付款的行为。提示承兑是持票人依法行使或保全其票据权利的行为。《票据法》规定，定日付款或者出票后定期付款的汇票，持票人应当在汇票到期日前向付款人提示承兑。见票后定期付款的汇票，持票人应当自出票日起一个月内向付款人提示承兑。见票即付汇票，不需提示承兑，但需提示付款，提示付款期限为出票后一个月。汇票未按照规定期限提示承兑的，持票人丧失对除出票人以外的前手的追索权。见票即付的汇票无须提示承兑。提示承兑行为的提示人是汇票的持有人；被提示人是汇票上记载的付款人。

（2）付款人承兑。汇票的持票人在法律规定的提示承兑期间内提示承兑后，付款人应当自收到提示承兑的汇票之日起3日内做出承兑或者拒绝承兑的决定。付款人收到持票人提示承兑的汇票时，应当向持票人签发收到汇票的回单。收款人对汇票承兑的，必须按《票据法》规定的款式进行记载，在汇票的正面记载"承兑"字样和承兑日期并签章。付款人承兑无须条件，附有条件的承兑，视为拒绝承兑。

（3）承兑的法律效力。付款人承兑汇票后，应当承担到期付款的责任。承兑人在完成承兑行为并将汇票交还承兑申请人后，便产生以下几个方面的法律效力。

①承兑对付款人的效力。汇票的付款人一经承兑，就变成是汇票上的第一债务人，承担汇票到期绝对无条件付款的责任。

②承兑对持票人的效力。对汇票的持票人来说，承兑具有确认和保全其票据权利的效力，汇票一经承兑，持票人的付款请求权便由期待权转变为现实权。汇票到期后，持票人即可要求付款人无条件支付票据记载金额。

③承兑对持票人前手的效力。付款人一经承兑，持票人不能在汇票到期前向任何前手行使追索权。

四、保证

1. 保证的概念

汇票的保证是指票据债务人以外的人为担保汇票债务的履行，以负担与其同一内容的票据债务为目的，而在汇票上记载有关事项并签章，然后将汇票交付请求保证的人的一种票据行为。当被保证人不能履行票据债务时，保证人承担连带责任。汇票保证以担保汇票付款，增强信用为目的，有利于保障交易安全。

2. 保证应记载的事项

票据保证是一种要式行为，保证人必须在汇票或粘单上记载《票据法》规定的事项，具体包括以下 3 条内容。

（1）绝对必要记载事项。绝对必要记载事项主要包括"保证"字样和保证人的名称与住所并签章，如缺少这些记载事项，将不能构成票据保证。

（2）相对必要记载事项。如果相对必要记载事项没有记载，也不会使保证行为无效，而是由法律进行推定。相对必要记载事项主要包括被保证人的名称、保证日期两项内容。

（3）无效记载事项。保证不得附条件。保证所做的附条件的记载，也即附条件的保证，属于不产生票据法效力的记载。

3. 保证的效力

票据保证一旦成立，则在保证人与被保证人之间产生了法律效力，保证人就要承担相应的法律责任。我国《票据法》第四十九条规定，保证人对合法取得汇票的持票人所享有的汇票权利，承担保证责任。但是，被保证人的债务因汇票记载事项欠缺而无效的除外。《票据法》第五十条还规定，保证的汇票，保证人应当与被保证人对持票人承担连带责任。汇票到期后得不到付款的，持票人有权向保证人请求付款，保证人应当足额付款。这说明：

（1）保证人就票据债务来说，与被保证人承担的是同一责任，与被保证人的责任完全相同。

（2）保证人的责任是独立责任。也即保证行为一经合法成立即独立发生效力，不受被保证债务效力的影响。

（3）保证人的责任是连带责任。也即保证人与被保证人对持票人承担连带责任及共同保证人之间承担连带责任。而且票据保证人的连带责任是一种法定连带责任，而非补充责任，在保证人为两人以上时，保证人之间亦须承担连带责任，对票据权利人来说，不分第一保证人或第二保证人，可以向任何一个保证人或全体保证人请求履行保证义务。保证人在向持票人清偿了债务后，就取得了持票人对被保证人和被保证人前手的追索权。

五、汇票的追索权

1. 追索权的概念

汇票的追索权是指持票人在遭到拒绝承兑和拒绝付款时，依法履行了保全手续后，向其前手以及汇票的出票人请求偿还汇票金额、利息及其他法定款项的一种票据上的权利。追索权具有如下特征。

（1）追索原因的法定性。只有出现到期不获付款或附加条件，期前不获承兑，付款人死亡、被依法宣告破产等法定情形，才产生追索权。

（2）追索权行使程序的前置性。追索权的行使以持票人履行了保全手续为前置程序，即持票人行使追索权时，应当提供被拒绝承兑或被拒绝付款的相关证明后，才可以行使追索权。

（3）追索对象的可选择性。《票据法》第六十八条规定："汇票的出票人、背书人、承兑人和保证人对持票人承担连带责任。持票人可以不按照汇票债务人的先后顺序，对其中任何一人、数人或者全体行使追索权。" 由此可知，被追索人不以持票人的直接前手为限，它包括持票人的一切前手，可由追索权人自由选择对自己有利的追索对象。

（4）追索权主体的更替性。追索权主体的可变更性，亦即再追索权。《票据法》规定，被追索人清偿债务后，与持票人享有同一权利。当被追索人履行票据债务，清偿汇票金额后，与持票人享有同一追索权，依法再向自己的前手行使追索权，从而变更了追索权主体。但是持票人为出票人的，对其前手无追索权；持票人为背书人的，对其后手无追索权。

2. 行使追索权的要件

行使追索权必须具备一定的要件，包括实质要件和形式要件。

（1）实质要件。追索权行使的实质要件也称为追索权行使的法定事由。根据《票据法》第六十一条的规定，汇票到期被拒绝付款的，持票人可以对背书人、出票人以及汇票的其他债务人（如承兑人、保证人）行使追索权。汇票到期日前，有以下情形中的任何一种，持票人也可以行使追索权：汇票被拒绝承兑的；承兑人或者付款人死亡、逃匿的；承兑人或者付款人被依法宣告破产的，或者因违法被责令终止业务活动的。

（2）形式要件。行使追索权的形式要件是指法定的保全追索权的手续，即持票人行使追索权时，应当提供被拒绝承兑或被拒绝付款的相关证明。持票人不能出示拒绝证明、退票理由书或者未按照规定期限提供其他合法证明的，丧失对其前手的追索权。但是，承兑人或者付款人仍应当对持票人承担责任。持票人因承兑人或付款人死亡、逃匿，或其他原因，不能取得拒绝证明的，可以依法取得其他有关证明。

第六节 本票

一、本票的概念和特征

本票是出票人签发的，承诺自己见票时无条件支付确定金额给收款人或者持票人的票据。本票除票据所共有的基本性质以外，还具有以下特征。

（1）本票是自付证券。在本票法律关系中，基本当事人只有出票人和收款人，债权债务关系相对简单，票据权利的行使也相对简便。出票人在完成出票行为之后，即承担到期无条件支付金额的责任，所以在出票人之外就没有独立的付款人，出票人就是付款人。

（2）本票是无须承兑但需见票的票据。由于本票是由出票人本人承担付款责任，无须委托他人付款，所以本票均不须承兑就能保证付款。但见票后定期付款的本票，以"见票"为必要程序。所谓见票，是指本票出票人依持票人按规定的期限提示本票，请求确定付款日期，在本票上记载"见票"字样及日期并签名的行为，是本票特有的现象。我国《票据法》承认银行本票，且银行本票为见票即付的票据，收款人或持票人在取得银行本票后，随时可向出票人请求付款，出票人不得以任何理由拒绝。《票据法》规定，本票自出票日起，付款期限最长不得超过两个月。

（3）本票以出票人为当然的主债务人。本票的出票人对持票人负无条件付款责任，此种责任为绝对责任，到期不付款者，持票人可请求法院强制执行。

（4）本票为预约支付票据。本票的出票人基于票据的信用功能，向收款人承诺于本票的到期日由自己无条件支付票据金额，是一种"预约支付"行为，因此本票是预约支付票据。

（5）本票的出票人仅负付款责任，而无承兑担保责任。本票的出票人即为付款人，因此无须承兑，也就无所谓承兑担保责任一说。

（6）本票的背书人负担保付款责任。本票经背书转让的，背书人对被背书人承担担保付款的责任，持票人到期不获付款时，经保全手续后，可向前手行使追索权。

二、本票的出票

本票的出票是指出票人签发本票并将其交付给收款人的票据行为。根据《票据法》规定，本票的出票人必须具有支付本票金额的可靠资金来源，并保证支付。我国《票据法》

只承认银行本票，因此本票的出票人只能是银行。

本票必须记载的事项：① 表明"本票"的字样；② 无条件支付的承诺；③ 确定的金额；④ 收款人名称；⑤ 出票日期；⑥ 出票人签章。缺乏上述任何一项规定事项的，本票无效。根据《票据法》的规定，本票责任承担的地点应做出明确的约定，未记载付款地的，以出票人的营业场所为付款地；未记载出票地的，出票人的营业场所为出票地。

三、本票的见票

见票是指本票出票人依持票人按规定的期限提示本票，请求确定付款日期，在本票上记载"见票"字样及日期并签名的行为，是本票特有的现象。由此可见，见票的效力有两层含义：第一，确定到期日；第二，保全追索权。持票人提示见票，出票人可能做出接受或拒绝见票的意思表示，出票人如愿意见票，则发生到期日付款的效果；出票人若采取明示或默示方式拒绝见票，持票人应于提示见票期间内请求做成拒绝证书，以便行使追索权。第一次向出票人提示本票是行使第一次请求权，它是向本票的其他债务人行使追索权的必经程序，没有按期提示的本票，持票人就丧失向其前手追索的权利，但仍可以向本票的出票人行使追索权。

第七节　支票

一、支票的概念

支票是出票人签发的，委托办理支票存款业务的银行或者其他金融机构在见票时无条件支付确定的金额给收款人或者持票人的票据。

二、支票的特征

（1）支票的付款人资格有严格限制，即仅限于准许办理支票存款业务的银行或其他金融机构，其他法人或自然人不能成为支票的付款人。

（2）支票是见票即付的即期票据，不存在即期或远期之分。因为支票是支付证券，其主要功能在于代替现金进行支付。法律上强调其"见票性"。

（3）支票的无因性受到一定限制。根据我国《票据法》的规定，支票出票人签发的支票金额，不得超出其在付款人处的存款金额。如果存款低于支票金额，银行将拒付给持票人。这种支票称为空头支票，出票人要负法律上的责任。

（4）支票无须承兑或见票，提示票据即为请求付款。

（5）支票的出票人与付款人之间有资金关系。支票的出票人只有在银行开户，并存有一定资金，才能从付款人处买得空白支票凭证，再向持票人签发支票。

（6）支票无须保证，见票即付。

（7）支票可为空白授权补记出票，根据《票据法》的有关规定，出票人可交付支票给持票人时，可授权持票人补记确定的金额、收款人名称。授权补记是有风险的，持票人补记的内容如果与出票人授权的内容不符，并不会影响票据的效力，因此出票人在授权时须慎重。

（8）支票信用功能弱而支付功能强，支票提示付款期为十天，出票人自收款人处得到信用的时间就很短，支票的信用功能就很弱；支票的主要功能就是支付功能，为见票即付的票据，因此支付功能强。

（9）支票的主债务人为出票人，付款人只是委托付款方，不承担付款保证责任。

三、支票的种类

依据不同的分类标准，支票可分为不同的种类。

（1）以支票上权利人的记载方式为标准，支票可以分为记名支票、无记名支票和指示支票。《票据法》第八十四条未将支票的"收款人"名称作为绝对必要记载事项；同时，第八十六条第一款规定，支票上未记载收款人名称的，经出票人授权，可以补记。由此可见，我国《票据法》是承认无记名支票的。

（2）以支票的付款方式为标准，支票可以分为现金支票、转账支票和普通支票。现金支票只能用来支取现金；转账支票只能用来转账，不得支取现金；普通支票既可以用来支取现金，也可以用来转账。

（3）以支票当事人资格是否兼任为标准，支票可以分为一般支票和变式支票。变式支票又分为：已付支票，即出票人自己为付款人；已受支票，即出票人自己为收款人；付受支票，即付款人也是收款人。

（4）以支票票面金额是否受限为标准，支票可分为不限额支票、限额支票和定额支票。

（5）以支票票面金额是否确定为标准，支票可分为定额支票和不定额支票。

四、支票关于出票和付款的特殊规定

1. 关于出票人的规定

根据《票据法》规定，支票的出票人只有满足以下条件才能签发支票。

（1）开户。支票的出票人首先要在银行或其他金融机构开立一个存款账户，与开户行订立支付委托合同，才能从其处获得空白支票凭证，以便在使用时签发。

（2）有足够支付的存款。《票据法》第八十二条第二款规定："开立支票存款账户和领用支票，应当有可靠的资信，并存入一定的资金。"

（3）预留签名式样和印鉴。《票据法》第八十二条第三款规定："开立支票存款账户，申请人应当预留其本名的签名式样和印鉴。"该规定是为了便于付款银行在付款时进行审查，同时也是为了免除付款银行善意付款的责任。

2. 关于出票效力的规定

（1）出票人必须按照签发的支票金额承担向持票人付款的保证责任。包括保证自己在付款银行有足够的存款，未签发空头支票等。

（2）出票人在付款银行的存款足以支付支票金额时，付款人应当在持票人提示付款的当日足额付款，使持票人能够及时得到票款的支付。

3. 关于付款的规定

支票的持票人或收款人应当在法定的期限内进行付款提示，否则付款人可拒绝付款。我国《票据法》规定，支票的持票人应当自出票日起十日内提示付款；异地使用的支票，其提示付款的期限由中国人民银行另行规定。超过提示付款期限的，付款人可以不予付款；付款人不予付款的，出票人仍应当对持票人承担票据责任。

参考文献

[1] 曾咏梅. 中国商法教程 [M]. 武汉：武汉大学出版社，1996.

[2] 陈本寒. 商法新论 [M]. 武汉：武汉大学出版社，2009.

[3] 陈湛匀. 商法实务 [M]. 上海：上海人民出版社，1994.

[4] 程淑娟. 商法 [M]. 武汉：武汉大学出版社，2011.

[5] 冯果. 商事仲裁与商事思维 [M]. 武汉：湖北人民出版社，2016.

[6] 韩朝炜. 商法适用中的法官解释 [M]. 上海：上海人民出版社，2020.

[7] 李新天. 商事法律实训教程 [M]. 武汉：武汉大学出版社，2010.

[8] 刘广明，尤晓娜. 商法案例教程 [M]. 北京：中国民主法制出版社，2016.

[9] 刘为民. 商事案例分析 [M]. 北京：中国政法大学出版社，2012.

[10] 刘训智. 商事登记统一立法研究 [M]. 北京：中国政法大学出版社，2015.

[11] 马芳琴. 商事法律应用 [M]. 北京：北京理工大学出版社，2019.

[12] 沈四宝，等. 中国商法·经济法概论 [M]. 北京：对外经济贸易大学出版社，
2002.

[13] 孙晓洁. 商事合同法律规制 [M]. 北京：中国政法大学出版社，2014.

[14] 覃有土. 商法概论 [M]. 武汉：武汉大学出版社，2010.

[15] 王瑞. 商法基础理论与专题研究 [M]. 北京：中国政法大学出版社，2017.

[16] 王卫国. 商法 [M]. 北京：中央广播电视大学出版社，2001.

[17] 王雪梅. 近代中国的商事制定法与习惯法 [M]. 成都：四川人民出版社，2015.

[18] 王英萍. 商法教程 [M]. 上海：上海交通大学出版社，2017.

[19] 沃耘，王硕，张涛. 民商法教学的创新与实践 [M]. 天津：天津社会科学院出版社，
2019.

[20] 吴高臣. 中国商事制度 [M]. 北京：中国民主法制出版社，2019.

[21] 徐学鹿. 商法教程 [M]. 北京：中国财政经济出版社，1997.

[22] 阳建勋. 商法学案例教程 [M]. 厦门：厦门大学出版社，2021.

[23] 杨峰，赖华子. 商法案例分析 [M]. 上海：上海三联书店，2021.

[24] 于杨曜，吴波. 商法概论 [M]. 上海：华东理工大学出版社，2011.

[25] 张舫，曹兴权. 商法 [M]. 武汉：武汉大学出版社，2011.

[26] 赵莹. 社会转型期民商法的热点问题研究 [M]. 广州：世界图书出版公司，2014.

[27] 郑昆白. 商法教程 [M]. 北京：中国政法大学出版社，2021.

[28] 周学峰. 商法教程 [M]. 北京：对外经济贸易大学出版社，2007.